O LEITOR
COMO
METÁFORA

SERVIÇO SOCIAL DO COMÉRCIO
Administração Regional no Estado de São Paulo

Presidente do Conselho Regional
Abram Szajman
Diretor Regional
Luiz Deoclecio Massaro Galina

Conselho Editorial
Aurea Leszczynski Vieira Gonçalves
Rosana Paulo da Cunha
Marta Raquel Colabone
Jackson Andrade de Matos

Edições Sesc São Paulo
Gerente Iã Paulo Ribeiro
Gerente adjunto Francis Manzoni
Editorial Cristianne Lameirinha
Assistente: Thiago Lins
Produção gráfica Fabio Pinotti
Assistente: Ricardo Kawazu

ALBERTO MANGUEL

O LEITOR COMO METÁFORA

O VIAJANTE, A TORRE E A TRAÇA

TRADUÇÃO **JOSÉ GERALDO COUTO**

Título original: *The Traveler, the Tower and the Worm*
© Alberto Manguel c/o Schavelzon Graham Agencia Literaria
(www.schavelzongraham.com), 2013
© Edições Sesc São Paulo, 2017
Todos os direitos reservados

4ª reimpressão, 2024

Preparação Vanessa Gonçalves
Revisão Olivia Frade Zambone, Thiago Lins
Projeto gráfico e diagramação Luciana Facchini
Capa Luciana Facchini | Detalhe de *São Lucas sentado em uma nuvem*. Autor desconhecido. Itália, século XVI.

Dados Internacionais de Catalogação na Publicação (CIP)

M3141v	Manguel, Alberto
	O leitor como metáfora: o viajante, a torre e a traça / Alberto Manguel Tradução de José Geraldo Couto. – São Paulo: Edições Sesc São Paulo, 2017. 148 p.
	ISBN 978-85-9493-056-9
	1. Leitura. 2. Leitor. 3. Mediação. 4. Literatura. I. Título. II. Couto, José Geraldo.
	CDD 028

Ficha catalográfica elaborada por Maria Delcina Feitosa CRB/8-6187

Edições Sesc São Paulo
Rua Serra da Bocaina, 570 – 11º andar
03174-000 – São Paulo SP Brasil
Tel. 55 11 2607-9400
edicoes@sescsp.org.br
sescsp.org.br/edicoes
❋ ✕ ◉ ▢ /edicoessescsp

PARA CRAIG, COM TODO O MEU AMOR

NOTA À EDIÇÃO BRASILEIRA

Dentre as metáforas possíveis para o livro, Manguel se vale de três neste livro: a viagem, a torre e a traça. Elas correspondem, respectivamente, à descoberta do mundo por meio da leitura e de sua exploração, à certa retirada do mundo e, por fim, à uma voracidade na leitura que, por vezes, o deixará inflado de palavras. A partir dessas referências, pode-se imaginar que a materialidade dos livros, das bibliotecas e livrarias cria objetos e códigos reconhecíveis de acordo com cada grupo de leitores. Assim, uma teia de conexões se estabelece entre pessoas que, amiúde, encontram nos textos o ponto de partida e encerramento de sua singular identificação.

A edição de livros é parte essencial na confluência de leitores, cuidando da qualidade textual, da forma estética e dos padrões editoriais que viabilizam o acesso aos livros em diferentes partes do mundo. Por essas razões, deve-se ao leitor a existência das editoras e o sentido de seu trabalho. Para nós, das Edições Sesc, é um privilégio trazer a público as reflexões de Alberto Manguel, porque ao mesmo tempo em que nos dedicamos à sua publicação, conhecemos melhor a natureza do nosso ofício.

11
INTRODUÇÃO

17
CAPÍTULO 1
O LEITOR COMO VIAJANTE
A LEITURA COMO RECONHECIMENTO DO MUNDO
- 19 O LIVRO DO MUNDO
- 33 VIAJANDO PELO TEXTO
- 41 A ESTRADA DA VIDA
- 55 VIAJANDO PELA REDE

65
CAPÍTULO 2
O LEITOR NA TORRE DE MARFIM
A LEITURA COMO ALHEAMENTO DO MUNDO
- 67 A TORRE DA MELANCOLIA
- 83 O PRÍNCIPE ESTUDIOSO
- 101 A TORRE DE VIGIA

107
CAPÍTULO 3
A TRAÇA
O LEITOR COMO INVENTOR DO MUNDO
- 109 A CRIATURA FEITA DE LIVROS
- 125 O LEITOR ENFEITIÇADO

129
CONCLUSÃO
- 131 LER PARA VIVER

- 141 ÍNDICE REMISSIVO
- 146 AGRADECIMENTOS
- 147 SOBRE O AUTOR

INTRODUÇÃO

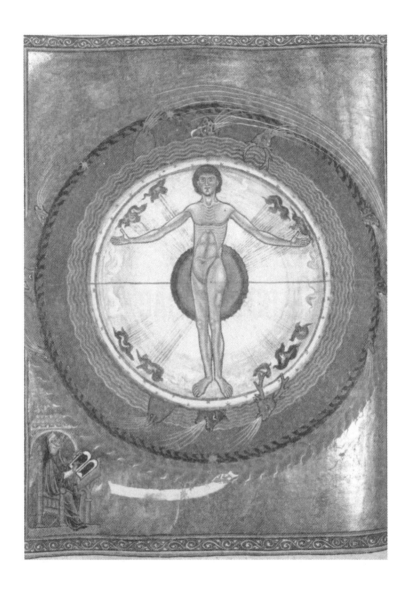

Hildegard von Bingen, *Der kosmische Mensch* [O homem cósmico]. Em *Liber divinorum operum* (c. 1170-4).

> NÃO EXISTE O QUE SE POSSA CHAMAR DE FATOS,
> APENAS INTERPRETAÇÃO.
> **FRIEDRICH NIETZSCHE,** *FRAGMENTOS PÓSTUMOS*

Até onde sabemos, somos a única espécie para a qual o mundo parece ser feito de histórias. Biologicamente desenvolvidos para ter consciência de nossa existência, tratamos nossas identidades percebidas e a identidade do mundo à nossa volta como se elas demandassem uma decifração letrada, como se tudo no universo estivesse representado num código que temos a obrigação de aprender e compreender. As sociedades humanas estão baseadas nessa suposição: de que somos, até certo ponto, capazes de compreender o mundo em que vivemos.

Para entender o mundo, ou para tentar compreendê-lo, a tradução da experiência em linguagem não basta. A linguagem mal toca a superfície da nossa experiência e transmite de uma pessoa a outra, num código convencional supostamente compartilhado, notações imperfeitas e ambíguas que dependem tanto da inteligência cuidadosa daquele que fala ou escreve como da inteligência criativa daquele que ouve ou lê. Para incrementar as possibilidades de entendimento mútuo e criar um espaço mais amplo de sentido, a linguagem recorre a metáforas que são, em última instância, uma confissão do insucesso da linguagem em comunicar diretamente. Por meio de metáforas, experiências num campo são iluminadas por experiências em outro.

Aristóteles sugeriu que a força de uma metáfora reside no reconhecimento evocado no ouvinte[1]; vale dizer, o ouvinte deve investir o objeto da metáfora de um sentido particular compartilhado. Sociedades letradas, sociedades baseadas na palavra escrita, desenvolveram uma metáfora central para designar a relação percebida entre seres humanos e seu universo: o mundo como um livro que devemos ler. Os modos como essa leitura é conduzida são muitos – por meio da ficção, da matemática, da cartografia, da biologia, da geologia, da poesia, da teologia e de uma miríade de outras formas –, mas sua premissa básica é a mesma: a de que o universo é um sistema coerente de sinais regidos por leis específicas, e de que esses sinais têm um significado, mesmo que este se encontre além do nosso alcance. E que, com o intuito de vislumbrar esse significado, tentamos ler o livro do mundo.

Nem todas as sociedades letradas encaram essa imagem central do mesmo modo, e os diferentes vocabulários que desenvolvemos até hoje para nomear o ato de ler refletem, em épocas e lugares específicos, os modos pelos quais determinada sociedade define sua própria identidade. Cícero, contestando as suposições de Aristóteles, alertou contra o uso negligente de metáforas meramente com função de ornamento. Em *De Oratore* (Sobre o orador), ele escreveu que,

assim como as roupas foram inicialmente inventadas para nos proteger do frio e posteriormente passaram a ser vestidas como ornamento e sinal de dignidade, o uso de metáforas começou por causa

[1] Cf. Aristóteles, *The Art of Rhetoric*, trad. H. C. Lawson-Tancred, Harmondsworth: Penguin, 1991, livro III, cap. 10, pp. 235-6.

da pobreza, mas se tornou de uso comum com intuito de entretenimento[2,3].

Para Cícero, as metáforas nascem da pobreza da língua, isto é, da inabilidade das palavras em nomear de modo exato e concreto nossa experiência. Usar metáforas numa função meramente decorativa é solapar sua força enriquecedora essencial.

A partir de uma metáfora identificadora básica, a sociedade desenvolve uma cadeia de metáforas. O mundo como livro se relaciona com a vida como viagem, e desse modo o leitor é visto como um viajante, avançando através das páginas desse livro. Às vezes, porém, o viajante não se envolve com a paisagem e seus habitantes nessa jornada, mas prossegue, por assim dizer, de um santuário a outro; a atividade da leitura fica então confinada a um espaço no qual o viajante se retira do mundo em vez de viver no mundo. A metáfora bíblica da torre que denota pureza e virgindade, aplicada à Noiva no Cântico dos Cânticos e à Virgem Maria na iconografia medieval, vê-se transformada séculos mais tarde na torre de marfim do leitor, com suas conotações negativas de inação e desinteresse em questões sociais, o oposto do leitor-viajante. A metáfora do viajante evolui e o peregrino textual se torna, no final, como todos os seres mortais, pasto do Verme da Morte, uma imagem grandiosa daquela outra praga, mais modesta, que corrói as páginas de livros, devorando papel e tinta. A metáfora se dobra sobre si mesma, e assim como o Verme devora o leitor-viajante, o leitor-viajante (às vezes) devora livros, não para se beneficiar do saber que eles contêm (e que a vida apresenta), mas meramente para ficar intumescido de palavras, imitando o trabalho da Morte. Assim, o leitor é escarnecido por

2 Cícero, *De l'Orateur*, trad. Albert Yon, Paris: Les Belles Lettres, 2002, livro III, cap. 38.

3 Com exceção da Bíblia, as demais citações em português são traduções de José Geraldo Couto, com base nas respectivas versões em inglês. [N.E.]

ser uma traça, um camundongo, um rato, uma criatura para a qual os livros (e a vida) não são nutriente, e sim forragem.

Essas metáforas nem sempre são expostas claramente. Às vezes a ideia se apresenta, implícita em seu contexto, mas a metáfora que a iluminará ainda não foi nomeada. Na verdade, em alguns casos, como no da torre de marfim, a metáfora é criada muito tempo depois que a ideia se apresentou na sociedade. É difícil, exceto em uns poucos casos, rastrear a aparição das próprias metáforas; talvez mais útil, mais revelador, seja discutir certos exemplos da presença e do desenvolvimento da noção por trás da metáfora. Num de meus primeiros livros, *Uma história da leitura*, dediquei várias páginas ao exame de metáforas relacionadas ao nosso ofício. Tentei rastrear algumas das mais comuns, mas senti que o assunto merecia uma exploração em maior profundidade; o resultado daquela insatisfação é este livro.

Leitores da palavra impressa ouvem dizer com frequência que suas ferramentas são antiquadas, que seus métodos são ultrapassados, que eles precisam aprender as novas tecnologias ou serão deixados para trás pela manada galopante. Talvez. Mas, se somos animais gregários que devem seguir os ditames da sociedade, não deixamos de ser indivíduos que aprendemos sobre o mundo ao *reimaginá-lo*, ao juntar palavras a ele, ao reencenar nossa experiência por meio dessas palavras. No fim, pode ser mais interessante e mais esclarecedor nos concentrarmos naquilo que não muda em nosso ofício, naquilo que define radicalmente o ato de ler, no vocabulário que usamos para tentar entender, como seres autoconscientes, essa habilidade única nascida da necessidade de sobreviver por meio da imaginação e da esperança.

1

O LEITOR COMO VIAJANTE

A LEITURA COMO RECONHECIMENTO DO MUNDO

NÃO DESCOBRIRÁS OS LIMITES DA ALMA VIAJANDO,
MESMO QUE PERCORRAS TODOS OS CAMINHOS POSSÍVEIS,
TÃO PROFUNDA É SUA HISTÓRIA.
HERÁCLITO, *FRAGMENTO 35*

Moisés num livro. Em: *Les Grandes Heures de Rohan* [As grandes horas de Rohan], (*c.*1430-5). Cortesia da Biblioteca Nacional da França.

O LIVRO DO MUNDO

> COLOCAR DIANTE DE SI O MARAVILHOSO LIVRO DO UNIVERSO INTEIRO, E PÔR-SE A LER A EXCELÊNCIA DE SEU AUTOR NAS LETRAS VIVAS DE SUAS CRIATURAS.
> **LUIS DE GRANADA**, *INTRODUCCIÓN DEL SIMBOLO DE LA FE* (INTRODUÇÃO AO SÍMBOLO DA FÉ)

Na margem esquerda de um manuscrito francês do século XV[1], uma pequena iluminura serve de *incipit* para o texto. Ela mostra, tendo como fundo um céu azul-escuro cravejado de estrelas douradas, uma mulher olhando para um bebê atado a seu berço. A cena descrita é a de Moisés nos juncos. A mulher é Miriam, irmã de Moisés, que convence a filha do faraó a deixar que o bebê Moisés seja amamentado por uma ama judia; sem que a princesa saiba, a ama é Joquebede, a mãe de Moisés. O bebê na iluminura é o próprio Moisés; o cesto no qual ele é enviado rio abaixo é um grosso livro vermelho encadernado. Num esforço de juntar os ensinamentos do Novo Testamento com os do Velho, comentaristas medievais traçaram paralelos entre os dois, proporcionando a artistas e sermoneiros uma rica iconografia. A Virgem Maria espelhava a mãe de Moisés, que reconquistava sua juventude depois de seus 156 anos e se casava de novo com seu

[1] *Heures de Rohan à l'usage de Paris*, Paris: Biblioteca Nacional da França, Ms 9471. Quando o tradutor da citação não é mencionado, trata-se de uma tradução própria minha. Como careço de treinamento universitário, meus hábitos de leitura são menos rigorosos que os dos acadêmicos, e frequentemente, quando cito uma fonte, não menciono a página em que encontrei a citação original. Espero que o leitor perdoe essa falha, que se deve menos ao desleixo que a um entusiasmo de amador.

marido Anrão: a virgindade de Maria era lida como equivalente do novo estado virginal de Joquebede. Como o anjo que anunciou a Maria o nascimento de Cristo, Deus contou a Anrão que sua esposa daria à luz uma criança cuja memória "será celebrada enquanto durar o mundo, e não apenas entre os hebreus, mas entre estrangeiros também". Para escapar ao decreto do faraó que ordenou o massacre de todos os filhos homens dos hebreus (como Herodes faria mais tarde, na época de Maria), Joquebede fez um berço de juncos, vedou-o com piche pelo lado de fora e abandonou-o nas margens do mar Vermelho[2]. A imagem é evocada nessa esplêndida iluminura, combinando numa representação a reencenação da cena no Êxodo, Miriam cuidando do bebê Moisés como Maria mais tarde cuidará do Menino Jesus, e a promessa de que o Livro carregará Moisés mundo afora, anunciando implicitamente a vinda do Salvador. O Livro é o veículo que permite que a palavra de Deus viaje pelo mundo, e os leitores que o seguirem tornam-se peregrinos no sentido mais profundo e verdadeiro.

    O livro é muitas coisas. Como um repositório de memória, um meio de transcender os limites de tempo e espaço, um local para reflexão e criatividade, um arquivo da nossa experiência e da dos outros, uma fonte de iluminação, felicidade e, às vezes, consolo, uma crônica de eventos passados, presentes e futuros, um espelho, uma companhia, um professor, uma invocação dos mortos, um divertimento, o livro em suas várias encarnações, da placa de barro à página eletrônica, tem servido há bastante tempo como metáfora para muitos de nossos conceitos e realizações essenciais. Quase desde a invenção da escrita, há mais de 5 mil anos, os sinais que formam palavras para expressar (ou tentar expressar) nosso pensamento apareceram a seus usuários como modelos ou imagens de coisas tão intrincadas e incertas, tão concre-

[2] Cf. Louis Ginzberg, *The Legends of the Jews*, trad. Henrietta Szold, Baltimore: Johns Hopkins University Press, 1998, vol. II, pp. 261-5.

tas ou tão abstratas como o mundo em que vivemos e até mesmo como a própria vida. Muito rapidamente os primeiros escribas devem ter percebido as propriedades mágicas de seu novo ofício. Para aqueles que haviam dominado seu código, a arte da escrita permitia a transmissão fiel de textos longos de tal maneira que o mensageiro não tinha mais que se fiar unicamente em sua memória; essa arte conferiu autoridade ao texto transcrito, talvez pela única razão de que sua existência material agora oferecia à palavra falada uma realidade tangível – e, ao mesmo tempo, ao manipular tal suposição, permitia que essa autoridade fosse distorcida ou solapada; ela ajudou a organizar e a tornar coerentes os meandros intrincados do raciocínio que frequentemente se perdiam no discurso oral, seja em torções de monólogos ou nas ramificações de diálogos. Talvez não tenhamos como imaginar hoje qual terá sido a sensação, para gente habituada a demandar a presença física do orador, de receber de repente, numa placa de barro, a voz de um amigo distante ou de um rei morto havia tempo. Não admira que tal instrumento miraculoso aparecesse na mente daqueles primeiros leitores como uma manifestação metafórica de outros milagres, do universo inconcebível e de suas vidas ininteligíveis.

Os vestígios da literatura mesopotâmica testemunham tanto o senso de prodígio dos escribas como os usos extraordinários atribuídos ao novo ofício. Por exemplo, no épico *Enmerkar e o senhor de Aratta*, composto em algum ponto do século XXI a.C., o poeta explica que a escrita foi inventada como meio de comunicar adequadamente um texto de muitas palavras.

Como a boca do mensageiro estava cheia demais, e ele portanto era incapaz de transmitir a mensagem, Enmerkar moldou um pedaço de barro e fixou nele as palavras. Antes daquele dia, não tinha sido possível gravar palavras no barro.

Essa grandiosa qualidade foi completada pela confiabilidade, como afirmou o autor de um hino no século XX a.C.: "Sou um escriba meticuloso que nada deixa de fora", garante ele a seus leitores, prenunciando as promessas futuras de jornalistas e historiadores. Ao mesmo tempo, a possibilidade de manipular essa mesma confiabilidade é atestada por outro escriba, servindo sobre o rei acádio Assurbanípal, no século VII a.C.: "Tudo o que não agradar ao rei, eu vou suprimir", declara o súdito leal com irresistível franqueza[3].

Todas essas características complexas que permitiam a um texto escrito reproduzir, aos olhos do leitor, a experiência do mundo, levaram o suporte físico do texto (a tabuleta, depois o rolo de pergaminho e o códice) a ser visto como o próprio mundo. A propensão humana natural a encontrar em nosso ambiente físico um sentido, uma coerência, uma narrativa, seja por meio de um sistema de leis naturais ou por meio de histórias imaginadas, ajudou a traduzir o vocabulário do livro num vocabulário material, conferindo a Deus a arte que os deuses tinham concedido à humanidade: a arte da escrita. Montanhas e vales tornaram-se parte de uma linguagem divina que cabia a nós desvendar, mares e rios passaram a carregar uma mensagem do Criador e, como ensinou Plotino no século III, "contemplando os astros como se fossem letras, se soubermos decifrar esse tipo de escrita, conseguiremos ler o futuro em suas configurações"[4]. A criação de um texto numa página em branco passou a ser equiparada à criação do universo no vazio, e quando São João declarou em seu evangelho que "no princípio era o Verbo" estava definindo tanto sua tarefa de escriba como a do Autor em Si. No século XVII, os tropos de Deus como autor e do mundo como livro tinham se enraizado tanto na imaginação ocidental que podiam ser mais uma vez

3 *Apud* Dominique Charpin, *Lire et Écrire à Babylone*, Paris: Presses Universitaires de France, 2008, pp. 18, 33 e 208.

4 Plotino, *Traités 1-6*, trad. sob a direção de Luc Brisson e Jean-François Pradeu, Paris: Flammarion, 2002, Enéada III, parágrafo 6, 20, p. 157.

aprimorados e reformulados. Em *Religio medici*, Sir Thomas Browne criou suas próprias imagens, hoje lugares-comuns:

> Assim, há dois livros de onde colho minha Divindade. Além daquele escrito por Deus, outro da Natureza sua serva, aquele Manuscrito universal e público, que se estende diante dos olhos de todos; aqueles que nunca o viram em um, descobrem-no no outro[5].

Embora suas fontes sejam mesopotâmicas, a precisa metáfora que relaciona palavra e mundo foi fixada, na tradição judaica, por volta do século VI a.C. Os antigos judeus, carecendo, em sua maioria, de um vocabulário para expressar ideias abstratas, frequentemente preferiam usar substantivos concretos como metáforas dessas ideias em vez de inventar novas palavras para novos conceitos, e desse modo emprestaram a tais substantivos um sentido moral e espiritual[6]. Assim, para a complexa ideia de viver conscientemente no mundo e tentar extrair dele seus sentidos conferidos por Deus, eles tomaram emprestada a imagem do volume que continha a palavra de Deus, a Bíblia, ou "os Livros". E para a desconcertante percepção de estar vivo, da vida em si, eles escolheram uma imagem usada para descrever o ato de ler tais livros: a imagem da estrada[7] percorrida. Ambas as metáforas – livro e estrada – têm a vantagem da grande simplicidade e da compreensão popular, e a passagem da imagem à ideia (ou, como diria meu velho manual escolar, do *veículo* ao *sentido*)[8] pode ser realizada de modo suave e natural. Viver, então, é viajar através do livro do mundo; e ler, abrindo caminho através das

5 Sir Thomas Browne, "Religio Medici". Em *The Major Works*, ed. C. A. Patrides, Harmondsworth: Penguin Books, 1977.

6 Cf. A. Gros, *Le Thème de la route dans la Bible*, Bruxelas: La Pensée Catholique, 1957.

7 A palavra "estrada" aparece mais de seiscentas vezes no Velho Testamento. *Ibidem*.

8 Cf. I. A. Richards, *Principles of Literary Criticism*, Londres: Kegan Paul, 1924.

São João devorando um livro. Em: Jean Duvet, *L'apocalypse* (O Apocalipse), (1561). © Fiduciário do British Museum.

páginas de um livro, é viver, viajar pelo próprio mundo. Uma comunicação oral existe quase que exclusivamente no presente do ouvinte; um texto escrito ocupa toda a extensão do tempo do leitor. Ele se estende *visivelmente* em direção ao passado das páginas já lidas e em direção ao futuro das que estão por vir, assim como podemos ver a estrada já percorrida e intuir a que espera por nós, e assim como sabemos que um certo número de anos já ficou para trás de nós e (embora não haja garantia alguma disso) que um certo número de anos está à nossa frente. Ouvir é em grande parte uma tarefa passiva; ler é uma tarefa ativa, como viajar. Ao contrário de percepções posteriores do ato de ler como oposto ao de agir no mundo, na tradição judaico-cristã as palavras lidas induziam à ação: "Escreve o que vês", diz Deus ao profeta Habacuc, "e grava-o sobre tabuinhas, para que possa agir aquele que o ler"[9].[10]

Escrito provavelmente um século depois das profecias de Habacuc, o Livro de Ezequiel apresenta uma metáfora ainda mais clara do mundo legível. Numa visão, Ezequiel vê os céus se abrirem e uma mão aparecer segurando um rolo de pergaminho, que então se desenrola diante dele, "escrito por dentro e por fora, e viam-se escritas nele lamentações, canções lúgubres e maldições"[11]. O profeta tem que comer esse pergaminho para poder dizer as palavras ingeridas aos filhos de Israel. Praticamente a mesma imagem é adotada mais tarde por São João em Patmos. Em seu Apocalipse, ou Livro da Revelação, um anjo desce do Paraíso com um volume aberto. "Toma-o e devora-o", diz o anjo, "ele fará amargar o teu ventre, mas na tua boca será doce como mel"[12].

Tanto a imagem de Ezequiel como a de João ensejaram o aparecimento de uma extensa bibliografia de comentários bíblicos que, ao longo da Idade Média e

[9] Habacuque, 2, 2. As citações bíblicas foram tiradas da versão do rei James.

[10] Em português, sempre que não entrar em contradição com o original em inglês, a tradução usada é a das Edições Paulinas, feita pelo padre Matos Soares a partir da *Vulgata latina*. [N.T.]

[11] Ezequiel, 2, 9.

[12] Apocalipse, 10, 9-11.

do Renascimento, veem nesse livro duplo uma imagem da dupla criação de Deus, o Livro das Escrituras e o Livro da Natureza: devemos ler ambos, e em ambos estamos escritos. Comentadores do Talmude associaram o livro duplo com as duas tábuas da Torá. De acordo com o Midrash, a Torá que Deus deu a Moisés no monte Sinai era tanto um texto escrito como um comentário oral. Durante o dia, quando havia luz, Moisés lia o texto que Deus havia escrito nas tábuas; na escuridão da noite, ele estudava os comentários que Deus pronunciara ao criar o mundo[13]. Para os talmudistas, o Livro da Natureza é entendido como a glosa oral feita por Deus a seu próprio texto escrito. Talvez por essa razão, Filo de Biblos, no século II, declarou que o deus egípcio Toth tinha inventado simultaneamente a arte da escrita e a da composição de comentários ou glosas[14].

Para São Boaventura, no século XIII, o Livro de Ezequiel é ao mesmo tempo a palavra e o mundo. Deus, diz Boaventura,

criou este mundo perceptível como um meio de autorrevelação para que, como um espelho de Deus ou uma pegada divina, ele pudesse levar o homem a amar e louvar seu Criador. Sendo assim, há dois livros, um escrito dentro, e este é a eterna Arte e Sabedoria de Deus; e outro escrito fora, e este é o mundo perceptível[15].

Em face da dupla criação de Deus, somos encarregados do papel de leitores, para seguir o texto de Deus e interpretá-lo no limite máximo de nossas capacidades. Para Boaventura, a tentação constante, a verdadeira tentação *demoníaca*, é a que se expressa nas palavras

[13] Cf. Louis Ginzberg, *The Legends of the Jews*, trad. Paul Radin, Filadélfia: The Jewish Publication Society of America, 1909, vol. III.

[14] *Apud* Eusébio, *Preparation for the Gospel*, trad. Edwin Hamilton Gifford, Piscataway: Gorgias Press, 1903, livro I, cap. 9.

[15] São Boaventura, "Breviloquium", II:11. Em *The Works of Bonaventure*, trad. José de Vinck, Paterson: St. Anthony Guild Press, 1963, vol. II.

[16] Gênesis, 3, 5.

da serpente a Eva no Jardim do Éden: "Sereis como deuses"[16]. Isto é, em vez de desejar servir à Palavra de Deus como leitores, queremos ser como o próprio Deus, autores de nosso próprio livro[17].

Santo Agostinho deixou isso explícito em suas *Confissões*, usando sua própria experiência de infância como exemplo. Como é que, pergunta ele, ler "as fantasias sonhadas por poetas" pode nos seduzir com o que é falso e nos afastar da verdade de Deus? A arte de ler e escrever "é de longe o melhor estudo", mas pode nos levar a acreditar nessas "ocas fantasias"[18]. Os seres humanos, segundo Agostinho, estritamente "obedecem às regras de gramática que lhes foram transmitidas, e no entanto ignoram as regras eternas da salvação perpétua que receberam" do próprio Deus. Nossa tarefa, portanto, consiste em equilibrar a experiência das ilusões prazerosas criadas pelas palavras dos poetas com a consciência de que *são* ilusões; desfrutar a tradução em palavras daquilo que pode ser sentido e conhecido nesta terra e, ao mesmo tempo, distanciarmo-nos desse conhecimento e dessas sensações de modo a ler mais claramente o conteúdo da palavra de Deus tal como escrita em seus livros. Agostinho faz uma distinção entre ler o que é falso e ler o que é verdadeiro. Para Agostinho, a experiência de ler Virgílio, por exemplo, comporta todos os mesmos problemas materiais que a leitura dos textos sagrados, e uma das questões a ser resolvida é o grau de importância que se permite a um leitor atribuir a cada uma dessas leituras. "Obrigaram-me a memorizar as aventuras de um herói chamado Enéas", escreve Agostinho, "ao mesmo tempo que eu perdia a lembrança de minhas próprias errâncias. Aprendi a lamentar a morte de Dido, que se suicidou por amor, enquanto o tempo todo, no meio dessas coisas, eu estava morrendo, afastado de Ti, meu Deus e minha Vida, e não derramava lágrimas pela minha

[17] Cf. Suzanne de Dietrich, *Le Dessin de Dieu, itinèraire biblique*, Paris: Denachaux et Niestlé, 1948.

[18] Santo Agostinho, *Confessions*, livro I, cap. 13, p. 34.

[19] *Ibidem*, p. 33.

William Blake, *Christian Reading in His Book* [Cristão lendo seu livro]. Em: John Bunyan, *The Pilgrim's Progress* [O progresso do peregrino], [*c.* 1824].

própria condição"[19]. A estrada literária física tomada por Enéas torna-se a metafórica estrada extraviada da vida do próprio Agostinho, enquanto o livro em que ele lê a respeito dela pode ser (mas não é) um espelho de seu próprio remorso.

Ler a Bíblia tem a mesma função metafórica. "Entre os caminhos da Bíblia e os de seus leitores", escreveu o romancista israelense do século XX Yehuda Amichai, "as palavras da Escritura são o espaço que deve ser percorrido primeiro: a primeira peregrinação é a da leitura"[20]. A Bíblia é um livro de estradas e peregrinações: a saída do Éden, o Êxodo, as viagens de Abraão e Jacó. No penúltimo capítulo do Pentateuco, a última palavra é "ascender", isto é, seguir escalando, rumo à Jerusalém terrena ou àquela outra cidade celestial. Caminhar, perambular, vaguear (*saunter*, do francês arcaico *Sainct'Terre*, a Terra Santa)[21] é fazer uso ativo das palavras da Bíblia, assim como ler é viajar. Essa analogia é explicitada em descrições de leitores que convertem as palavras da página em ação concreta, desde Santo Antão (que tomou ao pé da letra as palavras de Mateus, 19, e foi para o deserto levando apenas as palavras do Evangelho)[22] e o profeta Amós (que "lê" suas próprias visões ao povo de Israel)[23] até o Peregrino de Bunyan sonhando com um homem "afastado de sua própria casa, com um livro na mão e um grande fardo nas costas"[24]. Avançamos texto adentro como avançamos pelo mundo, passando da primeira à última página através da paisagem que se descortina, às vezes começando no meio do capítulo, às vezes não chegando ao final. A experiência intelectual de atravessar as páginas ao ler torna-se uma

[20] Yehuda Amichai, *Début fin début*, Paris: Editions de l'éclat, 2001.

[21] Cf. Jean-Pierre Sonnet, *Le Chant des montées: marcher à Bible ouverte*, Paris: Desclée de Brouwer, 2007.

[22] Cf. Santo Atanásio, *The Life of St. Antony*, trad. R. T. Meyer, Mahwah: Paulist Press, 1950, p. 56.

[23] Cf. Francis I. Andersen, "Amos". Em Bruce M. Metzger e Michael D. Coogan (eds.), *The Oxford Guide to People and Places in the Bible*, Oxford: Oxford University Press, 2001, p. 9.

[24] John Bunyan, *The Pilgrim's Progress*, ed. Roger Sharrock, Harmondsworth: Penguin, 1965, p. 39.

experiência física, chamando à ação o corpo inteiro: mãos virando as páginas ou dedos percorrendo o texto, pernas dando suporte ao corpo receptivo, olhos esquadrinhando em busca de sentido, ouvidos concentrados no som das palavras dentro da nossa cabeça. As páginas que virão prometem um ponto de chegada, um vislumbre do horizonte. As páginas já lidas propiciam a possibilidade da recordação. E no presente do texto existimos suspensos num momento que muda o tempo todo, uma ilha de tempo tremulando entre o que sabemos do texto e o que ainda está por vir. Todo leitor é um Crusoé de poltrona.

Isso se torna evidente no entendimento de Agostinho da relação entre o ato de ler e a passagem tão veloz pela vida. "Suponhamos que eu vá recitar um salmo que conheço", ele sugere nas *Confissões*.

> Antes de iniciar, minha faculdade de expectativa está tomada pelo salmo como um todo. Mas, logo que eu começo a recitar, a parte do salmo que removi da província da minha expectativa e releguei ao passado passa a ocupar minha memória, e o alcance da ação que empreendo está dividido entre as duas faculdades, a da memória e a da expectativa, uma olhando em retrospecto para a parte que já recitei, a outra olhando à frente para a parte que ainda tenho a recitar. Mas minha faculdade de atenção está presente o tempo todo, e por meio dela o que era futuro se torna passado. Conforme o processo continua, a província da memória se expande na proporção em que a da expectativa se reduz, até que minha expectativa como um todo se esgota. Isso acontece quando termino minha recitação e ela passa toda para a província da memória.

Para Agostinho, o ato de ler é uma jornada através do texto, reivindicando para a província da memória o território explorado, enquanto, no processo, a paisagem desconhecida que está por vir diminui gradualmente e se torna território familiar. "O que é verdade para o salmo como um todo", continua Agostinho,

> é também verdade para cada uma de suas partes e para cada sílaba. Vale para qualquer ação mais longa que eu empreenda, da qual a recitação do salmo pode ser apenas uma pequena parte. Vale para a vida inteira de um homem, da qual seus atos são partes. Vale para a história toda da humanidade, da qual cada vida é uma parte[25].

A experiência da leitura e a experiência da viagem vida afora espelham uma à outra.

[25] Santo Agostinho, *The Confessions*, trad. R. S. Pine-Coffin, Harmondsworth: Penguin, 1961, livro XI, cap. 28.

Selo de cilindro de jadeíta mostrando Gilgamesh em luta com um leão (período acadiano, *c.* 2350-2150 a.C.). Objeto 30-12-25 de uma parceria entre o British Museum e o Museu Universitário Expediação a Ur, Iraque. Cortesia do Museu de Arqueologia e Antropologia da Universidade da Pensilvânia.

VIAJANDO PELO TEXTO

NO DEVIDO TEMPO ELE RECONHECEU A HISTÓRIA DE SUA PERDA COMO O FIM DE SUA JORNADA.
A EPOPEIA DE GILGAMESH

Na época em que Agostinho estava escrevendo suas *Confissões*, a ideia do leitor como viajante já era antiga. Embora Agostinho não pudesse saber, o leitor viajante aparece numa de nossas mais antigas narrativas, *A epopeia de Gilgamesh*, escrita primeiramente por volta de 1750 a.C. e refinada e reorganizada uns dois séculos mais tarde. A composição revisada, conhecida como "versão ninivita", foi encontrada inscrita em onze tábuas de barro[26]. Nos primeiros versos da primeira tábua, o poeta apresenta seu herói, o grande rei Gilgamesh, e a maravilha que ele construiu, a cidade fortificada de Uruk. E então o poeta se dirige ao leitor:

> Olha para estes muros, compactos como uma rede para pássaros!
> Aprecia sua base, tão incomparável!
> Sente esta laje do umbral, trazida de muito longe!
> Avança rumo ao Templo, à Casa de Ishtar,

[26] Na primeira tábua estava faltando meia coluna de texto; somente em 1975, graças a um fragmento descoberto em Nipur, o texto completo se tornou acessível a nós. Cf. *L'Epopée de Gilgamesh: Le grand homme qui ne voulait pas mourir*, trad. Jean Bottéro, Paris: Gallimard, 1992.

Que nenhum outro rei, nenhuma outra pessoa, foi capaz de imitar!
Sobe ao alto e caminha pelos terraços fortificados de Uruk,
Inspeciona os alicerces, observa as linhas de tijolos:
Eles não são de fato cozidos manualmente?
E não foram os próprios Sete Sábios que assentaram a base?
Trezentos hectares de cidade, e outros tantos de jardins,
E outros tantos de solo virgem pertencente ao Templo.
Olha! Nesses milhares de hectares vês Uruk inteira!

Agora vai e procura o relicário de cobre,
Gira o aro de bronze,
Abre o compartimento secreto
E tira as tabuinhas de lápis-lazúli para ler
Como Gilgamesh atravessou suas muitas provações[27].

O poeta interpela o leitor, estimulando-o a olhar, apreciar, sentir, avançar, subir, caminhar, inspecionar, procurar, abrir, tirar e ler. Num círculo vertiginoso, autoperpetuante, o leitor é instado a viajar pela cidade sobre a qual está lendo, de modo a descobrir um texto (aquele que agora ele tem em mãos) que vai lhe dizer como realizar uma série de tarefas para aprender a respeito das aventuras do rei Gilgamesh. Ao começar a ler, já estamos obedecendo à determinação do poeta; já fazemos parte do poema. Desde as primeiras palavras da primeira tábua, nós, os leitores, nos tornamos companheiros de viagem de Gilgamesh.

É óbvio que deve ser feita uma distinção entre os primeiros leitores do poema e nós, que o lemos no século XXI. O épico *Gilgamesh*, escrito em dialeto acadiano do segundo milênio antes de Cristo, é provavelmente uma remodelagem de uma série de poemas acadianos anteriores, baseados, por sua vez, em antigos textos sumerianos. Podemos

27 *L'Epopée de Gilgamesh.*

dizer portanto que a epopeia, tal como a conhecemos, foi composta ao longo de vários séculos, revisada e moldada finalmente por um erudito-sacerdote cujo nome chegou a nós como Sin-Leqi-Unninni. Seus primeiros leitores deviam ter familiaridade com a história e decerto seguiam as perambulações do rei Gilgamesh e seu amigo como se o poema fosse uma crônica histórica ou documental estrita. Ao longo dos séculos, porém, essa familiaridade adquiriu uma caleidoscópica leitura mítica. Cabe lembrar que a Mesopotâmia era uma sociedade multilíngue, ou várias sociedades multilíngues, de modo que, por exemplo, no final do terceiro milênio e início do segundo milênio antes de Cristo, juízes sumerianos registravam em acadiano (e não em sua própria língua) os testemunhos prestados à corte, e documentos legais frequentemente vinham com suas traduções. Esse compartilhamento ou sobreposição de pelo menos duas línguas e culturas modificou e enriqueceu, ao longo dos séculos, interpretações paralelas das histórias antigas. Por exemplo, o deus Enlil, uma divindade de presença frequente em narrativas mesopotâmicas (ele é associado com Ninurta, o deus da guerra, n'*A epopeia de Gilgamesh*), era, para os sumérios do segundo milênio, não o protetor de alguma cidade específica, mas antes um deus ecumênico, inspirador de todos. Em contraste, para os acadianos ele era uma força destrutiva, responsável por inundações monstruosas. Assim, o sopro sagrado do deus era lido como criador de vida pelos primeiros e como destruidor de vida pelos últimos. No primeiro milênio, e com a primazia dos reis amoritas, novas camadas de significado foram incorporadas aos velhos vocabulários, e sob a influência da cultura védica da Índia e da cultura aramaica da Síria, figuras como a de Enlil adquiriram traços novos e inesperados[28]. Aos olhos de sucessivas

[28] Cf. Jean-Jacques Glassner, *La Tour de Babylone: Que reste-t-il de la Mésopotamie?*, Paris: Editions du Seuil, 2003.

gerações, as histórias se desenvolveram e mudaram, menos por meio da reescrita do que da releitura, mediante o acréscimo de camadas contextuais que gradualmente se sobrepunham, enriquecendo ou eliminando as anteriores.

A paisagem pela qual Gilgamesh e seus leitores viajavam – o deserto em torno da cidade de Uruk, as montanhas mais adiante, as matas e os bosques – mudava ao mesmo tempo que mudavam os próprios viajantes, e com eles o ato de viajar através da história. O espanto experimentado pelos primeiros receptores do texto, ao ouvi-lo em voz alta da boca de algum escriba, sentindo que tinham sido convidados a compartilhar as aventuras do rei, foi gradualmente se transformando num exercício de memória coletiva, bem como em um prazer estético, uma capacidade de apreciar a técnica narrativa lapidada por gerações de leitores e ouvintes. O público ainda era solicitado a acompanhar os heróis em sua perigosa jornada, mas depois de muitas leituras a magia devia parecer mais domesticada, as aventuras tingidas de alegoria religiosa, o poema acompanhado de glosas filosóficas e comentários eruditos. Nos últimos dias das grandes civilizações mesopotâmicas, seja na época da queda de Ur, por volta de 2000 a.C., seja no tempo da queda da Babilônia, em torno de 1600 a.C., *A epopeia de Gilgamesh* seguia sendo, sem dúvida, uma coisa espantosa, mas era também um ponto de referência, um marco para todas aquelas culturas sobrepostas: o que hoje chamaríamos de clássico.

Todas essas gerações de leitores, bem como a nossa, compartilham pelo menos um traço peculiar. O rei Gilgamesh, conforme o público fica sabendo desde o início, já completou há muito tempo sua jornada terrena, e o poeta (como prova a última das onze tábuas) compôs também há muito tempo as palavras finais de sua crônica. O leitor, porém, tem ainda que se pôr em marcha, mas com a vantagem (ou desvantagem) de conhecer tanto o itinerário como o destino final. O texto criou a paisagem a ser percorrida, e aboliu a distância real entre os lugares e os consequentes sacrifícios da viagem física. Por volta do século XVIII a.C., o fato de leitor e escritor serem conectados pela arte das palavras foi declarado explicitamente, de modo que a leitura e a escrita tornaram-se conscientemente um meio de transporte pelo espaço. "Bulattal me trouxe notícias suas", diz uma carta escrita no início dos anos 1700 a.C. nas montanhas Zagros e enviada ao povoado de Shemshara, "e estou muito contente: tive a impressão de que você e eu tínhamos nos encontrado e nos abraçado"[29]. As palavras na tabuleta trouxeram o escritor ao destino ao longo do caminho que o texto percorrera: desse modo, o leitor se tornou o viajante privilegiado do texto.

E, no entanto, desde os remotos dias de *Gilgamesh*, pode-se dizer que se nós, leitores, somos viajantes, não somos, porém, pioneiros: o caminho que seguimos já foi trilhado antes, e os mapas do país já foram traçados (mesmo que, em tempos de hipertexto, em certos casos os mapas possam ser modificados pelo leitor). Conscientes de superar as limitações da geografia física e do tempo histórico, os leitores permitem o surgimento de uma outra geografia e de uma outra história à medida que avançam texto adentro, um espaço e um tempo que pertencem à narrativa textual e são reencenados diante dos olhos do leitor.

Isso era verdade na época e é verdade hoje. A despeito de regras retóricas de composição que tentam limitar ou governar a construção do tempo e do espaço narrados, os leitores tornam-se cada vez mais conscientes de que o jogo de "suspensão da descrença" em que entram com o escritor força-os a aceitar novas leis físicas para o mundo de cada livro específico.

29 *Apud* Jesper Eidem e Jørgen Laessøe, *The Shemshara Archives, Volume 1: The Letters*, 23, Copenhague: Kongelige Danske videnskabernes selskab, 2001.

Os leitores precisam aceitar que vastos territórios da imaginação podem ser atravessados no espaço de um parágrafo, e séculos podem transcorrer numa única oração. Eles podem ser retidos num lugar por dezenas de páginas, ou podem passar uma eternidade letrada no curso de apenas um volume. A experiência da leitura reflete a impressão flutuante de estar nesse mundo de sonho, de distância e proximidade, de passado, presente e futuro. Como o rei liliputiano, que está consciente da passagem do ponteiro do relógio que marca os segundos, ou como as almas no Paraíso de Dante para as quais todo o espaço é um único ponto, os leitores experimentam em sua leitura a sensação de irrealidade da vida cotidiana, a elasticidade do tempo ou as formas cambiantes do espaço. Seja perambulando por cidades irreais ou entrando em países não descobertos, seja tentando alcançar a costa de Ítaca ou fugindo para o Território, seja descobrindo o gelo pela primeira vez ou recebendo a promessa de uma sempre adiada excursão ao farol, nossos percursos são sinalizados e um guia (confiável ou não) está sempre à mão, lembrando-nos dos momentos que duraram dias ou anos, e das paisagens demasiado pequenas ou demasiado vastas para a compreensão.

Depois que morre seu amado amigo Enkidu, Gilgamesh decide viajar ao Reino dos Mortos para encontrá-lo, e o leitor vai com ele. "Qual é o caminho para o Reino dos Mortos", pergunta Gilgamesh. "Preciso saber! É no mar? É nas montanhas? Vou para lá!"[30] E vai também o leitor, embarcando numa das primeiras narrativas sobrenaturais de nossa história, combinando num relato o conhecimento e a dor da perda, o desejo louco de reverter o tempo e trazer os mortos de volta, a convicção duvidosa de que além do horizonte há um lugar onde encontraremos o que estamos perdendo e onde tudo ficará bem. Mar e montanhas

[30] Herbert Mason, *Gilgamesh: A Verse Narrative*, Nova York: New American Library, 1972.

são as paisagens que conhecemos, e para o alto das montanhas e mar adentro viajará Gilgamesh (e nós, os leitores, com ele), através do poema, da primeira à última tábua ou página. Ler nos permite vivenciar nossas intuições como fatos, e transformar o movimento através da experiência numa travessia reconhecível pelo texto.

Entrada para o Bosque dos Suicidas. Canto XIII de *A divina comédia*.
Em: *Opere di Dante Alighieri* (Veneza: A. Zatta, 1757). Cortesia da Biblioteca de Livros Raros e Manuscritos da Universidade da Pensilvânia.

A ESTRADA DA VIDA

> **PARA QUE NÃO PONDERES O CAMINHO DA VIDA.**
> **LIVRO DOS PROVÉRBIOS, 5:6**

Uns três mil anos depois de *Gilgamesh*, Dante nos diz que, no meio do caminho da vida, encontrou-se numa selva escura. Aqui começa o que talvez seja a mais famosa narrativa de viagem na literatura ocidental, uma viagem que leva a nós, leitores de Dante, a atravessar três reinos sobrenaturais que, por meio das palavras do poeta, adquiriram uma geografia permanente e tangível em nossa imaginação. Em sociedades com raízes no cristianismo, falar de Inferno, Purgatório e Paraíso é fazer uso, conscientemente ou não, do diário de bordo de Dante. Começando com a selva escura onde o caminho certo se perdeu, um lugar "quase tão amargo quanto a própria morte", o leitor, seguindo Dante, desce pelos círculos do inferno e escala os terraços purificadores que atravessam os Céus rumo ao Empíreo. Pensar retrospectivamente naquela selva – uma floresta selvagem, áspera e densa –, diz-nos Dante, renova em sua mente o medo que ele sentiu na época, um medo que o leitor agora é compelido a sentir também. E, no entanto, por mais dura que seja a tarefa, Dante sabe que precisa contar as coisas que viu "para falar do bem ali descoberto [por ele]"[31]. Implícita nessa intenção declarada está uma oferenda para o leitor: é por nós que Dante se obrigará a retornar à cena de suas perigosas jornadas, é por nós que ele trilhará de novo o árduo caminho que o levou às profundezas da terra e aos céus elevados, é por nós que ele lutará para alcançar outra vez o instante da visão suprema. "A ti convém seguir outra viagem"[32], diz Virgílio a Dante no primeiro encontro deles, e sugere ao discípulo uma jornada que não é a que Dante planejava, da selva escura direto para o topo da montanha abençoada, mas uma jornada através dos territórios do além-túmulo, primeiro vendo e sofrendo com seu corpo, e depois em sua mente e por meio de sua poesia. Desde as primeiras palavras do primeiro canto, nós, os leitores dessa jornada, nos tornamos companheiros de viagem de Dante.

Como no caso de *Gilgamesh*, nosso papel como viajantes difere tanto do papel do peregrino como do papel do poeta. "*Nel mezzo del cammin di nostra vita*": entendemos que essas primeiras palavras são o ponto de partida da narrativa, mas isso é verdade apenas num sentido literal. A jornada em si começou muito antes. O começo que nos é dado a ler está já *no meio do caminho de nossa vida*; é só nesse ponto intermediário que somos convidados a nos juntar ao viajante, depois que um longo trecho já foi percorrido, bem antes da abertura do livro, através de paisagens e episódios da vida pregressa do poeta que Dante optou por não registrar em *A divina comédia*. Começamos viajando no que a retórica medieval chamava de *in media res*, no meio da coisa em si.

Num outro sentido importante somos privados de um verdadeiro começo. A ação referida em "*mi ritrovai per una selva oscura*" ("encontrei-me numa selva escura") aconteceu muito tempo atrás, no passado

[31] Dante Alighieri, *A divina comédia*, Inferno, canto I, verso 7.

[32] *Ibidem*, Inferno canto I, verso 91.

pecaminoso de Dante. Agora as aventuras já acabaram, o terror e a surpresa são lembranças distantes, o arrependimento e a revelação já aconteceram, e o peregrino retornou à terra, pronto a prestar testemunho. (Em termos medievais, "peregrinação" denotava uma viagem ao santuário e o retorno, não uma jornada só de ida.) Embora a viagem seja perigosa, os territórios, não mapeados, o desfecho, imprevisto, tudo agora está resolvido, a meta foi alcançada, o retorno ao porto efetuado com segurança – e tudo isso está implícito naquelas primeiríssimas palavras do poema. Como o leitor sabe, para que o poema exista o peregrino precisa ter sobrevivido, como os mensageiros no Livro de Jó, para contar a história.

Como leitores do poema de Dante, somos, portanto, testemunhas privilegiadas. Desde o comecinho, recebemos a promessa de um desfecho feliz, já que esse é o significado do título, *Comédia*: uma história que termina alegremente. Sabemos que no final do derradeiro canto do Paraíso o viajante terá alcançado seu destino e estará pronto a voltar para casa; de fato, ele já voltou para casa para colocar seu relato no papel. No entanto, diferentemente de seus leitores, que mesmo em sua primeira investida estão de alguma forma cientes do esquema geral da *Comédia*, Dante, perdido na selva escura, nada sabe do que o aguarda: nada sabe das três feras horrendas que barrarão seu caminho, nem da presença fantasmagórica que revelará ser ele próprio seu guia designado, nem das almas abomináveis e bem-aventuradas que encontrará adiante, nem do supremo e inefável êxtase com que suas prodigiosas aventuras serão recompensadas.

Sabendo tudo isso e tendo tal vantagem, estaremos nós, os leitores, à altura da tarefa? Conseguiremos ser companheiros de viagem dignos de um aventureiro tão extraordinário? Para levar a cabo sua jornada, conforme sabemos, o homem Dante se converteu no peregrino Dante, que por sua vez se converteu no poeta Dante, o cronista de suas aventuras. E nós, como seguidores da viagem de Dante, ao aceitar o papel agora designado a nós, devemos por nossa vez perder nossa identidade comum e nos converter também em peregrinos, transformados pelo ato da leitura em personagens necessários da história, aos quais Dante se dirige repetidamente, para nos alertar, nos guiar, nos instruir, nos instar a refletir e a agir do modo mais elevado. "Para que todo caminho leve à realização espiritual", escreveu no século XX o historiador da arte Titus Burckhardt,

> é preciso que quem o empreende dispa-se do "eu" habitual de modo a se converter verdadeiramente em si mesmo, uma transformação que é acompanhada pelo sacrifício da riqueza aparente e das vãs pretensões; isto é, pelo sacrifício da humilhação, da luta contra as paixões de que é feito o velho "eu"[33].

É certamente esse o caso do peregrino Dante, mas vale também para o leitor. Para seguir Dante, devemos nos despir de nossa identidade cotidiana, devemos deixar de lado os confortos do senso comum e das referências familiares, devemos sacrificar nossas noções sólidas e tranquilizadoras da realidade factual, e devemos nos submeter humildemente às regras e resoluções estabelecidas pelo poeta para a nossa condução. Mas somos capazes disso?

Dante está bem consciente de nossas dificuldades a esse respeito, e quando está prestes a entrar no Primeiro Céu, guiado pelo terrível sorriso de Beatriz, ele fala aos leitores, seus companheiros de viagem, com palavras de alerta[34]:

---

[33] Titus Burckhardt, "Le Retour d'Ulysse". Em *Etudes Traditionnelles*, n. 463, janeiro-março, 1979.

[34] Para manter o sentido do original, a tradução em português não buscou preservar a métrica, as rimas e o ritmo do texto em italiano, já sacrificados, aliás, na tradução de Alberto Manguel para o inglês. [N.T.]

Oh, vós que estais em vossa pequena barca
e, desejosos de escutar, seguis
minha nau que avança cantando,

voltai para ver de novo vossa terra firme,
não entreis no mar aberto, senão,
ao me perder de vista, estareis perdidos[35].

E. R. Curtius, que nos deu um breve histórico da metáfora do mundo como um livro em seu famoso estudo da persistência do imaginário clássico na literatura europeia[36], notou que foram muitos os poetas latinos que compararam a arte da escrita com a da navegação – Propércio, Manilio, Horácio e Estácio, entre vários outros. No segundo livro das *Geórgicas*, Virgílio fala de fazer-se à vela (*"vela dare"*), e perto do fim do quarto livro ele fala de recolher as velas (*"vela trahere"*)[37]. Esse movimento circular, começando e terminando a ação de navegar em frente, é essencial para a ideia de viajar através de um texto. Narrativas de viagem, factuais ou alegóricas, têm isso em comum: elas carregam em si, implícita, sua conclusão, e seu ponto de partida pressupõe um ponto de chegada. Cada narrativa de viagem declara que "em meu fim está meu começo", uma vez que, tendo chegado, o viajante começará de novo a viagem ao contar suas aventuras. Na verdade, o propósito mesmo da peregrinação de Dante é começar de novo, e desta vez não com passos temerosos, mas com palavras ardentes. "Ela que, para o nosso bem, deixou suas pegadas no Inferno", diz Dante sobre Beatriz: o mesmo podem

[35] Dante Alighieri, *A divina comédia*, Paraíso, canto II, versos 1-6.

[36] Cf. E. R. Curtius, *Europäische Literatur und Lateinisches Mittelalter*, Tübingen: Francke, 1948, 11ª ed.

[37] É esse, de modo geral, o contexto poético de onde Dante extrai suas imagens de navegação, mas ele as tira também, talvez principalmente, das *Collationes* de Cassien, que, como indica Curtius, foram muito lidas ao longo da Idade Média. Cf. E. R. Curtius, *op. cit.*

dizer de Dante seus leitores. A viagem foi feita para nós, pelo bem do relato.

A história de Dante, assim, é tanto uma paisagem como um mapa; ou melhor, uma série de paisagens cujo mapa é desenrolado à medida que o viajante avança através dele, caminhando ou escalando, voando nas costas de um monstro ou sendo conduzido a remo por águas infernais, guiado por Virgílio ou por Estácio Purgatório acima, ou transportado fora do tempo através dos Céus por Beatriz. As descrições de Dante dos reinos que ele atravessa são tão vívidas, tão exatas cartograficamente, que Galileu, não o menos empírico dos homens, chegou a dar em 1588, aos 24 anos, duas palestras científicas sobre a localização e o tamanho do Inferno de Dante. "Se tem sido difícil e admirável", escreveu Galileu,

> que os homens consigam, depois de demoradas observações, intermináveis vigílias, perigosas navegações, mensurar e estabelecer os intervalos entre os céus, seus movimentos rápidos e lentos, e suas inter-relações, e o tamanho de corpos celestes, quer estejam eles próximos ou distantes, e os locais da terra e do mar (todas essas coisas que, inteiramente ou em sua maior parte, são apreensíveis pelos sentidos), então muito mais admiração nos deveriam causar o estudo e a descrição da localização e do tamanho do Inferno, que, sepultado nas entranhas da Terra, escondido dos nossos sentidos, não é conhecido por ninguém e está fora do alcance de toda experiência[38].

38 *Studi sulla Divina Commedia di Galileo Galilei, Vincenzo Borghini ed altri*, ed. Ottavio Gigli, Florença: Felice Le Monnier, 1855, pp. 5-14.

Para Galileu, assim como para Dante, o mundo imaginário, exatamente como o próprio mundo físico, pode ser mapeado e explorado pelo leitor. O livro é um mundo através do qual podemos viajar porque o mundo é um livro que podemos ler.

Há para o leitor, no entanto, vários modos de viajar. Dante, leitor tanto de Agostinho como de Virgílio, estava consciente do hiato entre as emoções derivadas da leitura literária e aquelas que deveriam ser suscitadas pelos livros de Deus. A *Comédia* pode ser entendida como o processo pelo qual a passagem de uma coisa para a outra foi aprendida: da percepção intelectual e afetiva de Virgílio (e dos outros livros da biblioteca de Dante) ao drama da própria vida de Dante sob a inspiração de Deus. Certamente, para Dante, um dos livros de Deus não pode ser lido adequadamente sem o auxílio do outro: o mundo e a palavra espelham-se um ao outro metaforicamente, e embora a habilidade intelectual não baste, e possa até ser um entrave à autêntica revelação, um leitor experimentado pode adquirir a capacidade de autoconsciência que permitirá a Dante (como lhe diz Virgílio quando o deixa nas mãos de Beatriz) "dar a si mesmo coroa e mitra"[39]. Antes de emergir da selva escura, os prazeres deste mundo exercem maior atração sobre Dante do que os prometidos prazeres do Céu, e mesmo enquanto pranteava o corpo transitório de sua Beatriz ele era incapaz de ler nos restos mortais dela a imagem de sua beleza superior depois da sua transfiguração. À medida que Dante, o peregrino, avança pelos três reinos perceptíveis, a imagem poética ou intelectual do mundo como texto torna-se mais e mais concreta, mesclando as belezas tanto terrenas como celestiais, até assumir o que Dante chama de "uma forma universal"[40] e converter-se na metáfora final. Para Dante, ao atingir a prometida visão do Empíreo, depois de ver o Paraíso como uma sucessão ilusória de Céus – sob a aparência de uma luz abençoada, de uma rosa, de uma roda dentro de uma roda –, a realidade suprema revela-se como a imagem de um livro.

A peregrinação de Dante é portanto não apenas um ato de viagem material, um deslocamento no espaço,

[39] Dante Alighieri, *A divina comédia*, Purgatório, canto XXVII, verso 142.

[40] *Ibidem*, Paraíso, canto XXXIII, verso 91.

mas também no tempo, como na leitura de um salmo por Agostinho. Diferentemente do viajante físico, que simplesmente avança pelo caminho, o peregrino Dante, como um leitor curioso e reflexivo, ao mesmo tempo que se move ao longo da estrada da primeira à última página, permite-se retornar, percorrer de novo o território já explorado, rememorar, predizer, associar eventos passados, presentes e futuros, folheando para a frente e para trás as páginas dos escritos de Deus, onde "aquilo que no universo parece separado e disperso" é "reunido e atado pelo amor num único volume"[41]. Cabe notar, porém, que Dante não pode ler esse livro supremo, uma vez que na presença da visão final seu talento verbal "parece menor até do que o de um infante que ainda mama"[42]. (Dois séculos depois de Dante, Sandro Botticelli foi encarregado de ilustrar toda a *Comédia*. Nunca concluiu o trabalho. Como se ecoasse a declarada impossibilidade de Dante de colocar perfeitamente em palavras a revelação divina, Botticelli parece ter reconhecido a análoga impossibilidade de expressar perfeitamente em imagens as palavras finais de Dante: a última lâmina de todas, hoje desgraçadamente perdida, foi deixada em branco.)[43]

Para os contemporâneos de Dante, a imagem do leitor como viajante trazia, de modo geral, uma conotação ativa e positiva. Ler era um esforço benéfico, desde que dirigido à meta certa e realizado com a disposição certa, permitindo ao intelecto compreender o que o espírito intui por meio do amor. Nesse sentido, todos os seres humanos deveriam ser viajantes, o que talvez seja a razão de Deus, na tradição bíblica, ter preferido as oferendas do pastor nômade Abel às do sedentário agricultor Caim, e ter punido Caim depois de seu crime, obrigando-o a converter-se, ele próprio, num andarilho[44]. Mas havia muitas nuances

[41] *Ibidem*, Paraíso, canto XXXIII, versos 85-7.

[42] *Ibidem*, Paraíso, canto XXXIII, versos 106-8.

[43] Cf. Sandro Botticelli, *The Drawings for Dante's Divine Comedy*, Londres: Royal Academy Publications, 2000.

nessa interpretação. Leitores que se empenhavam na exploração de um texto tinham as qualidades de um aventureiro, de um explorador, de um intrépido marinheiro que podia, como Jasão, perseguir uma causa justa e trazer de volta à pátria o Velo de Ouro[45], ou então, como o Ulisses da *Comédia*, perseguir um objetivo meramente temerário numa "louca fuga"[46] da qual não há volta possível, condenando-se a arder no Inferno de Dante por toda a eternidade por seu atrevimento. A viagem podia também ser um castigo, como no caso do Judeu Errante que, na lenda medieval, é condenado a vagar pela terra até a Segunda Vinda por ter negado amparo a Cristo quando este, carregando a Cruz, passou diante da sua porta[47]. Os leitores-viajantes podiam ser recompensados por seus esforços ou punidos por seu sofrimento.

Mas, em seu sentido mais louvável, viajar, assim como ler, era uma peregrinação que espelhava a peregrinação da vida humana. Era uma jornada de purificação, acossada pela tentação e pelo sofrimento, mas a recompensa para o viajante íntegro era o "melhor lugar" prometido na vida após a morte. Já no século VI, o Concílio de Mâcon prescreveu, para um bispo que cometera homicídio, uma penitência de quinze anos de estudos das escrituras e, depois disso, "uma peregrinação pelo restante de sua vida"[48]. Ler para purificar a alma e viajar para purificar o corpo eram vistos como duas ações complementares que o pecador precisava praticar se quisesse ser salvo. Incorporando em seu texto as palavras de Cristo no Evangelho de São João (14:6), "Eu sou o caminho, a verdade

[44] John Barton e John Muddiman, editores de *The Oxford Bible Commentary* (Oxford: Oxford University Press, 2001), rejeitam essa interpretação. "Mas nenhuma explicação é dada no texto para a preferência de Deus, e não é provável que a história, ao menos em sua forma atual, reflita uma antiga rivalidade entre pastores e agricultores."

[45] Dante compara sua aventura àquela que "fez Netuno admirar a sombra de Argo" (a nau de Jasão). *A divina comédia*, Paraíso, canto XXXIII, verso 96.

[46] *Ibidem,* Inferno, canto XXVI, verso 125.

[47] Cf. George K. Anderson, *The Legend of the Wandering Jew,* Hanover: Brown University Press, 1965.

[48] R. Naz, "Pèlerinage". Em Lefebvre, *Dictionnaire du Droit canonique*, Paris: 1957, vol. VI.

e a vida", Santo Agostinho compôs um sermão no qual conclamava os pecadores a seguir o caminho certo.

> Se assim fizerem, estarão seguros, pois poderão correr sem se perder! Mas serão dignos de muita pena se, ao contrário, apressarem-se a seguir adiante sem se manter no caminho! É melhor coxear ao longo do caminho do que andar com passo firme tendo perdido totalmente o rumo.[49]

Já num sermão anterior, Agostinho havia afirmado: "Nosso espírito tem dois pés – um do intelecto e um do afeto, ou da cognição e do amor – e precisamos mover os dois para poder caminhar pela via certa"[50]. No primeiro canto do Inferno, Dante conta ao leitor que, depois de emergir da selva escura, ele caminhou por uma praia deserta, "o pé direito sempre mais baixo"[51]. Incontáveis comentários tentaram até hoje explicar esse pé manco, mas simplesmente pode ser que Dante, um leitor meticuloso de Agostinho, tivesse em mente o sermão, traduzindo-o para as circunstâncias de sua peregrinação, de modo a alegorizar melhor sua jornada e também a sugerir ao leitor que uma leitura lenta e atenta do poema "pela via certa" é melhor que uma leitura apressada que "perca totalmente o rumo". Esse é o conselho explícito que Tomás de Aquino oferece a Dante no Céu dos Sábios: pensar cuidadosamente e avançar com suas palavras passo a passo. "E que sejam como chumbo teus pés,/ para que te movas lento como homem cansado."[52] Um peregrino, como um leitor, deve avançar gradualmente.

"Dante é um peregrino, Ulisses é um explorador", comentou um eminente estudioso de Dante[53]. Dante, comentando um de seus próprios sonetos, explicou que

[49] Santo Agostinho, *Sermon 141, 4,* "Jesus notre route". Em Raulx (ed.), *Oeuvres complètes de Saint Augustin*, Paris: 1838.

[50] *Idem, Sermon 36, 413,* "Corpus Christanorum".

[51] Dante Alighieri, *A divina comédia,* Inferno, canto I, verso 30.

[52] *Ibidem*, Paraíso, canto XIII, versos 112-3.

peregrino pode ser entendido de uma maneira ampla ou restrita: num sentido amplo, peregrino é qualquer pessoa que está longe de sua terra natal; num sentido restrito, peregrino significa apenas aquele que viaja rumo à Casa de Santiago [a catedral de Santiago de Compostela][54].

Dante, que escreveu sua *Comédia* no exílio, devia saber em que sentido amplo ele próprio era um peregrino. Deve ter percebido a proximidade entre sua vida itinerante e sua leitura itinerante, e conhecido o amargor (como ele diz na *Comédia*) de comer "pão estrangeiro com gosto de sal" e de "subir e descer escadas estrangeiras". "Perambulei como um mendigo virtualmente por todas as regiões por onde se estende esta nossa língua", diz ele no *Convivio*[55], lendo seu caminho Itália afora. Durante os vinte longos anos de exílio, até o último dia de sua vida, a biblioteca de Dante consistia nos poucos livros que ele carregava consigo de um refúgio a outro, aos quais eram ocasionalmente acrescentados os que seus anfitriões lhe emprestavam – uma coleção cambiante que refletia os diferentes estágios e experiências dos vários locais de seu banimento.

Agostinho havia observado que a leitura era uma forma de viajar, "não por lugares, mas por sentimentos"[56]. Para Dante, era ambas as coisas. Ler era para ele a exploração literal da geografia de seus autores eleitos – Roma, Cartago e a Jerusalém Celestial de Santo Agostinho, a Etiópia de Estácio, a Itália de Virgílio, os reinos sobrenaturais de São Tomás de Aquino e São Boaventura – juntamente com sua cartografia sobreposta de sentimentos e experiências. Houve talvez um

[53] Jurij M. Lotman, "Il viaggio di Ulisse nella *Divina Commedia* di Dante". Em *Testo e contesto: Semiotica dell'arte e della cultura*, Bari: Laterza, 1980.

[54] Dante Alighieri, "La vita nuova XL". Em *Vita nuova: Rime*, ed. Fredi Chiappelli, Milão: Murcia, 1965.

[55] Dante Alighieri, *Il Convivio*, tratado I, cap. 3, parágrafo 4.

[56] Santo Agostinho, *De Doctrina Christiana*, livro I, cap. 17, *apud* Brian Stock, *Augustine the Reader: Meditation, Self-Knowledge, and the Ethics of Interpretation*, Cambridge: Belknap Press of Harvard University Press, 1996.

ponto, perto do final da sua vida, em que Dante já não sabia mais se sua *Comédia* era um intrincado mapa da sua vida ou se sua vida era um esboço hesitante para sua *Comédia*. Muitos leitores sentem o mesmo.

A jornada que a leitura oferecia a Dante (e a Agostinho e a Boaventura) era de preparação, de comparação, de consciência, uma jornada medida pelo que Agostinho chamava de "as partículas de areia na ampulheta do tempo", ao final da qual Deus talvez abrisse enfim as páginas do seu livro. É Cristo, reconhecia Agostinho, dirigindo-se ao próprio Deus, que "é a vossa Palavra... Nele todo o tesouro da sabedoria e do conhecimento está armazenado, e essas são as riquezas que eu busco em vossos livros"[57]. Talvez, para o leitor certo, quase todo livro traga essa promessa. Talvez a viagem propiciada pela verdadeira leitura possa conduzir a tal tesouro, ao "bem supremo" que Aristóteles e seus intérpretes cristãos, como Dante, viam como o fim de todo propósito humano, antes mesmo da viagem da alma para se reunir à divindade depois do último suspiro.

Nada disso, sustentava São Boaventura, cético quanto ao êxito de qualquer jornada de leitura que não envolvesse as angústias da verdadeira fé. Uma geração antes da de Dante, num breve tratado intitulado *Itinerarium Mentis ad Deum* [A viagem da mente em direção a Deus], Boaventura concluiu que não é através da "leitura atenta" que a mente alcança a revelação divina (isto é, "como as coisas acontecem"), mas por meio do "sacrifício devoto". Não a jornada da vida, mas o fim da jornada nos concederá o entendimento. "Vamos morrer, então", diz ele, "e atravessar o umbral da escuridão"[58]. Também Santo Agostinho alcança essa compreensão de que a leitura é inútil

---

[57] Santo Agostinho, *Confessions*, livro XI, cap. 2, p. 255.

[58] São Boaventura, "Itinerarium Mentis in Deo". Em *The Works of Bonaventure, Volume I: Mystical Opuscula*, trad. José de Vinck, Paterson: St. Anthony Guild Press, 1960, p. 58.

para apreender completamente, seja o Livro do Mundo, seja o Livro da Palavra. Esses volumes são, em última instância, inescrutáveis. E Dante, ao final de sua *Comédia*, ecoa as palavras de Santo Agostinho: "Oh, como é curto o que digo, e como reflete/ pobremente o meu pensar; diante do que vi/ é ainda menos do que 'pouco'"[59]. Para Boaventura, para Agostinho, para Dante, a leitura serve ao propósito de ajudar o peregrino ao longo da estrada da revelação, atiçando sua curiosidade e sua consciência até a penúltima página. Ali sua utilidade deve cessar porque, como ocorre em todo texto que consideramos grandioso, a compreensão suprema deve nos escapar. Chegamos, mas a um lugar tão desconhecido que não existem palavras para descrevê-lo.

[59] Dante Alighieri, *A divina comédia*, Paraíso, canto XXXIII, versos 121-3.

Códice ou computador? Fotos de John Hubbard.

VIAJANDO PELA REDE

OUTROS SENTARAM-SE À PARTE NUMA COLINA AFASTADA,
PERDIDOS EM PENSAMENTOS ELEVADOS, E REFLETIRAM
SOBRE PROVIDÊNCIA, PRESCIÊNCIA, ARBÍTRIO E DESTINO,
DESTINO FIXADO, LIVRE-ARBÍTRIO, PRESCIÊNCIA ABSOLUTA,
E NADA CONCLUÍRAM, PERDIDOS EM LABIRINTOS MOVEDIÇOS.
JOHN MILTON, *PARAÍSO PERDIDO*, II:557-61

A força de uma metáfora pode ser avaliada tanto por sua capacidade de evocar a ideia que está na sua origem como por sua capacidade de enriquecer e contaminar outras ideias. A metáfora do mundo como livro confirma adequadamente nossa impressão de que o espaço ao nosso redor comporta significado e de que cada paisagem conta uma história, iluminando o ato da leitura com o sentido de decifração não apenas das palavras na página mas do próprio mundo. Mundo e texto, viagem e leitura, são imagens concomitantes, facilmente evocadas na imaginação. Tanto a viagem como a leitura se desenrolam no tempo, tanto o mundo como o texto definem um espaço. A vida como uma viagem é, como vimos, uma das nossas mais antigas metáforas; já que ler é uma jornada através de um livro, a imagem conecta todas as três atividades, de modo que cada uma delas – ler, viver, viajar – se alimenta das outras e ao mesmo tempo as enriquece. O leitor, assim, é tanto aquele que viaja pelo mundo como aquele que viaja pela vida, só que, como Orhan Pamuk concluiu em seu romance *A casa do silêncio*:

> Você não pode começar a vida de novo, é uma viagem só de ida cuja passagem você compra uma única vez, mas, com um livro na mão, não importa quão perturbador e desconcertante ele seja, quando você o termina pode sempre voltar ao início; se você gostar, pode lê-lo de cabo a rabo de novo, de modo a conceber o que não conseguiu compreender antes, de modo a compreender a vida[60].

Na introdução à sua coletânea de ensaios de viagem, *Nomad's Hotel* [Hotel Nômade], Cees Nooteboom cita o viajante árabe do século XII Ibn al-Arabi: "A origem da existência é o movimento. A imobilidade não pode fazer parte dela, pois se a existência fosse imóvel ela retornaria a sua fonte, que é o Vazio. É por isso que a viagem nunca para, nem neste mundo nem no além"[61]. No entendimento de Nooteboom, Ibn al-Arabi equipara viver a viajar, consciente do significado de parar.

Nooteboom é um bom exemplo do viajante do século XXI. Por um lado, um resignado aventureiro para quem a experiência prática de atravessar o espaço e o tempo está permeada pelo espanto da velocidade e pela monotonia de atrasos e esperas, uma espécie de mescla impura de presteza e demora. Por outro lado, é um investigador tradicional daquilo que é, em essência, uma experiência intelectual e afetiva, uma noção literária preconcebida do que é a viagem em abstrato, um sentimento de transição matizado por uma vontade de ser surpreendido, confortado e desafiado. "É impossível provar, no entanto, acredito", escreve Nooteboom no início de seu livro de viagem sobre os caminhos para Santiago,

que existem alguns lugares no mundo onde o sujeito é misteriosamente inundado ao chegar ou ao partir pelas

---

[60] Orhan Pamuk, *Silent House*, trad. Robert Finn, Nova York: Knopf, 2012, p. 334.

[61] Cees Nooteboom, *Nomad's Hotel: Travels in Time and Space*, trad. Ann Kelland, Londres: Harvill Press and Secker, 2006, p. 1.

emoções de todos aqueles que chegaram e partiram antes. Qualquer pessoa que possua uma alma assim leve sente um tênue repuxão no ar em torno da Schreierstoren, a Torre das Lágrimas em Amsterdã, o que tem a ver com a tristeza acumulada dos que ficaram para trás. É uma tristeza,

acrescenta Nooteboom,

que não vivenciamos hoje em dia: nossa viagem já não leva anos para se completar, sabemos exatamente para onde estamos indo, e nossas chances de regressar são muitíssimo maiores[62].

Talvez, por isso, a imagem do leitor-viajante já não tem hoje em dia a ressonância que teve no passado. O que mudou, como Nooteboom deixa claro, não é a ideia da leitura como viagem, mas o sentido da viagem em si. Para os contemporâneos de Dante, a viagem espelhava com precisão o ato essencial de viver, de duração desconhecida, perigoso e muitas vezes árduo, repleto de tentações mortais. "Sou um estrangeiro na terra, um transeunte, como todos os meus ancestrais, um exilado, um viajante inquieto nesta vida breve", escreveu Petrarca numa de suas cartas[63], apenas meio século depois da jornada de Dante. Nós, porém, não trazemos mais conosco um sentimento permanente de transitoriedade, pelo menos não do modo essencial como Petrarca e Dante o experimentavam. Tudo em nossas sociedades hoje incita-nos a acreditar que somos seres quase imortais, preservados num eterno presente, e que todas as nossas atividades (incluindo a leitura) devem ser conclusivas num sentido absoluto. Só acreditamos em certezas. A mudança, para nós, não é uma travessia que amplia a província da nossa

[62] Idem, *Roads to Santiago: Detours and Riddles in the Lands & History of Spain*, trad. Ina Rilke, Londres: Harvill Press, 1997.

[63] Petrarca, *Rerum familiarum libri*, livro xv, carta 5.

memória ao mesmo tempo que reduz a da nossa expectativa, como Agostinho a compreendia, mas um salto de um momento a outro, no qual o momento anterior não projeta sombra alguma, enquanto os momentos por vir jamais são trazidos à mente. Essa persistente instantaneidade nos convence de que só existimos aqui e agora, no círculo em que por acaso nos encontramos, sem sentimento algum de débito com relação ao passado nem de sobreposição de experiências, exceto como presunçosos postos avançados de progresso. Isso cria para nós a ilusão de um presente constante, fixado no símbolo da tela tremeluzente sempre aberta diante de nós, a sugerir que, já que confiamos nossa memória a uma máquina, podemos desconsiderar o passado em todas as suas manifestações (bibliotecas, arquivos, as lembranças de nossos antepassados, nossa própria capacidade de recordar) e desse modo ignorar as consequências de nossas ações. Se hoje em dia a leitura é uma forma de viagem, é apenas no sentido de passar imediatamente de um lugar a outro, desprezando diferenças de latitude e longitude, fazendo de conta que tudo ocorre para nós e sob o nosso olhar, e que podemos sempre ser informados sobre tudo o que acontece, onde quer que nos encontremos. Nooteboom observa que "qualquer um que esteja constantemente viajando está sempre em outro lugar, e portanto sempre ausente", e ele cita com desaprovação o *dictum* de Pascal segundo o qual "a raiz do infortúnio do mundo reside no fato de que os seres humanos são incapazes de permanecer numa sala por 24 horas"[64]. A viagem de hoje tem algo de ambos os lados: uma constante ausência (para a maior parte da nossa raça nômade) mediante o deslocamento físico, e uma constante presença claustrofóbica em locais de trabalho e *shopping centers*, aviões e trens, salas de aeroportos e pontos turísticos.

[64] Cees Nooteboom, *Nomad's Hotel: Travels in Time and Space*, trad. Ann Kelland, Londres: Harvill Press and Secker, 2006, p. 2.

Nooteboom tenta escapar desse paradoxo declarando que sua viagem é na verdade um outro meio, mais rico, de estar em casa, "isto é, comigo mesmo"[65]. Quatro séculos antes, Michel de Montaigne estava de acordo com ele. Suas viagens físicas, ele escreveu, podiam ser interrompidas em qualquer ponto: "elas não se fundam em grandes esperanças, cada dia é na verdade sua própria meta. E a viagem da minha vida é conduzida do mesmo modo". Por isso, acrescentou, "no mais das vezes viajo sozinho, e tenho prazer em entreter a mim mesmo. Acontece como em meus sonhos: ao sonhá-los, eu os confio a minha memória". A experiência de viajar, tanto para Montaigne como para Nooteboom, é como a experiência de ler, um exercício de autorreflexão.

Mas, para a maioria dos viajantes de hoje, uma parte essencial da experiência é evitar estar consigo mesmo. O célebre conselho de E. M. Forster, "apenas conecte"[66], tomou a forma de uma interconectividade inconsequente, do sentimento de que, por meio da internet, nunca estamos sós, nunca precisamos dar satisfação, nunca somos obrigados a revelar nossa verdadeira identidade. Viajamos em rebanhos, conversamos em grupos de *chat*, fazemos amigos no Facebook, morremos de medo de uma sala vazia e da visão de uma única sombra em nossa parede. Sentimos desconforto ao ler sozinhos; queremos que nossa leitura também seja "interconectada", compartilhando comentários na tela, sendo dirigidos por listas de *best-sellers* que nos dizem o que os outros estão lendo e pelos guias de leitura adicionados pelo editor ao texto original, sugerindo perguntas a fazer e respostas a dar.

Nooteboom diz que, quando era jovem e inexperiente "escolhi o movimento"; só mais tarde, "quando compreendi mais, percebi que seria capaz, no interior desse movimento, de encontrar o silêncio necessário para escrever"[67]. A maioria de nós, porém, teme o silêncio

[65] *Ibidem*, p. 7.

[66] E. M. Forster, *Howards End*, cap. 22.

[67] Cees Nooteboom, *op. cit.*, p. 4.

porque em silêncio talvez sejamos obrigados a observar, a refletir sobre experiências passadas, a pensar.

O ato de ler uma única linha, de modo profundo e abrangente, trazia para Santo Agostinho o eco de todas as nossas bibliotecas, passadas, presentes e futuras, com cada palavra remontando a Babel e antecipando a última trombeta. Significava um constante deslocamento de uma experiência adquirida para a seguinte, uma leitura nômade através da memória em direção ao desejo, consciente da estrada percorrida e da estrada ainda a percorrer. Nossa leitura da internet, de amplitude mundial, justamente por assumir-se como de amplitude mundial, parece não requerer tal deslocamento: tudo, segundo nos dizem, está aqui o tempo todo, ao toque de um dedo. Não precisamos viajar em direção a nada porque tudo aparece de repente, não precisamos registrar nada na memória porque nossas memórias eletrônicas realizam essa tarefa por nós, não precisamos explorar e garimpar volumes intermináveis porque mecanismos de busca encontram os tesouros. Nem precisamos reivindicar a liberdade e a responsabilidade de um viajante no ato da leitura: as regras e os regulamentos de nossos aparatos tecnológicos estabelecem parâmetros estritos a ser seguidos e se encarregam de louvar ou repreender. Ler um livro eletrônico, por exemplo a edição digital da *Comédia* de Dante[68], embora possua uma qualidade uniforme de extensão planetária e proclame as possibilidades da navegação ilimitada, é na verdade algo muito mais restrito e controlado do que a leitura do próprio códice de Dante. Isso se dá em parte porque Dante e seus contemporâneos tinham consciência de que, como leitores, estavam com o autor numa jornada que eles enriqueceriam com sua própria experiência, sem outras limitações além daquelas estabelecidas pelo texto em si e pelas possibilidades pessoais de cada um.

[68] Dante Alighieri, *Commedia, A Digital Edition*, ed. Prue Shaw, Scholarly Editions, 2011, www.sd-editions.com/Commedia (acesso em 16 fev. 2017).

Em vez disso, nós, leitores de um texto eletrônico, nos defrontamos com telas que fazem rolar diante de nossos olhos blocos de escritos todos idênticos um ao outro. Deslizamos por uma página sempre presente, rodeada não por espaço livre para anotações, mas, em muitos casos, por *links* predeterminados para outras páginas, bem como por publicidade dispersiva. Na tela, carecemos da sensação material de seguir fisicamente a história, diferentemente da experiência de ter em mãos um códice. Claro que é útil, mas é também limitador. Na condição de viajantes no ciberespaço, precisamos estar mais conscientes dessas limitações e encontrar meios de reivindicar nossa liberdade de viajante.

Numa recente publicação *on-line* que avaliava a evolução do Google e seus efeitos sobre o leitor comum, o analista de eletrônica francês Jean Sarzana, com seu colega Alain Pierrot, comparou a leitura tradicional de um livro e a leitura eletrônica a diferentes formas de viagem. "Com o livro", escreveram os autores, "navegamos como faziam os gregos, com a costa sempre à vista. O texto eletrônico nos permite passar para a viagem espacial, e ver a Terra de longe, de muito longe."[69] Eu diria que, na verdade, é o contrário. Lendo um códice seguro em nossas mãos, conscientes de suas características físicas e de sua presença material, associamos livremente a página que estamos lendo com outras partes do livro, e também com outros livros; reconstruímos argumentos e personagens em nossa mente; conectamos ideias e teorias num vasto espaço mental sem horizonte. Ao ler no meio digital estamos, predominantemente, "perdidos em labirintos movediços".

O sólido livro de papel e tinta é o terreno pelo qual viajamos, um ponto de partida para comentários e conjecturas. Seu duplo, o livro desenrolado em nossa mente, é, como notou Agostinho, um mapa diário

[69] Jean Sarzana e Alain Pierrot, *Impressions numériques*, 2010, www.publie.net (acesso em 16 fev. 2017).

do original, um texto mental feito de leitura passada, presente e futura, de rememoração e antecipação. O livro eletrônico, contudo, não está localizado no mundo físico; é, por definição, virtual, e essa óbvia falta de solidez, essa presença espectral, efetua apenas até certo ponto nossa tradicional função mnemônica, e embora empreenda a viagem mental que buscamos, faz isso por conta própria, por assim dizer, rolando sem que precisemos estar conscientes da progressão ou que assumamos responsabilidade por ela. Estas comparações não implicam juízo de valor; são comparações de natureza, de métodos nem melhores nem piores, mas meramente diferentes um do outro. A leitura de Dante era como a navegação de Ulisses, de lançar-se em alto-mar "para experimentar o mundo despovoado que fica atrás do sol"[70]. Só que, diferentemente de Ulisses, Dante sabia que sempre havia uma primeira página à qual ele podia retornar sem cessar. Se quisermos seguir as expectativas de nossa sociedade mercantil, de executar primeiro e acima de tudo uma tarefa tecnológica da qual um dos subprodutos é a leitura, devemos hoje em dia atracar no continente eletrônico.

Pode ser que, em nossa sociedade cada vez mais movida a aparelhos eletrônicos, tenhamos perdido um certo sentido de por que lemos, assim como podemos ter perdido um certo sentido de por que viajamos. Robert Louis Stevenson declarou celebremente: "De minha parte, não viajo para ir aonde quer que seja, mas para ir. Viajo por viajar. A grande questão é o movimento"[71]. Estava falando a um público para o qual a viagem tinha um destino, e também um lar ao qual o viajante podia retornar em segurança para tirar proveito da experiência. A viagem de hoje em dia não tem destino. Seu propósito não é o sujeito se deslocar, mas permanecer imóvel, no aqui e agora,

[70] Dante Alighieri, *A divina comédia*, Inferno, canto XXVI, verso 116.

[71] Robert Louis Stevenson, *Travels with a Donkey in the Cevennes*, Nova York: Scribner's, 1912, p. 63.

ou, o que dá no mesmo, mover-se quase instantaneamente de um lugar a outro, de modo que não há travessia de um ponto a outro, seja no espaço ou no tempo, assim como em nossos novos hábitos de leitura. Infelizmente, tais métodos não afetam apenas a viagem e a leitura. Afetam também nossos pensamentos, nossas capacidades reflexivas, nossos músculos intelectuais. Nossas funções de raciocínio requerem não apenas consciência de nós mesmos, mas também consciência de nossa passagem pelo mundo, e consciência de nossa passagem pelas páginas de um livro. Essa foi uma habilidade que desenvolvemos desde a era das tábuas de Gilgamesh, e da qual estamos descuidando agora, na era das telas eletrônicas. Agora precisamos mais uma vez aprender a ler devagar, de forma profunda e abrangente, seja no papel ou na tela: viajar de modo a retornar com o que lemos. Só então estaremos, no sentido mais profundo, em condições de nos chamar de leitores.

2

O LEITOR NA TORRE DE MARFIM

A LEITURA COMO ALHEAMENTO DO MUNDO

> QUE VIDA TRANQUILA
> A DO QUE FOGE DO RUÍDO MUNDANO,
> E SEGUE A ESCONDIDA
> SENDA, POR ONDE SEGUIRAM
> OS POUCOS SÁBIOS QUE HOUVE NO MUNDO.
> **FREI LUIS DE LEÓN**, *CANCIÓN DE LA VIDA SOLITARIA* (CANÇÃO DA VIDA SOLITÁRIA)

Hieronymus Bosch, *Accidia* [Preguiça]. Detalhe de *Os sete pecados capitais* (*c.* 1485). Cortesia do Museu do Prado.

A TORRE DA MELANCOLIA

> É, QUANDO MUITO, UMA SORTE INCÔMODA SER O QUE CHAMAMOS DE ALTAMENTE INSTRUÍDO E NO ENTANTO NÃO DESFRUTAR DESSA CONDIÇÃO: ESTAR PRESENTE A ESTE GRANDE ESPETÁCULO DA VIDA E NUNCA SE LIVRAR DE UM PEQUENO EU FAMINTO E TRÊMULO — NUNCA SER PLENAMENTE POSSUÍDO PELA GLÓRIA QUE CONTEMPLAMOS, NUNCA VER NOSSA CONSCIÊNCIA TRANSFORMAR-SE ARREBATADAMENTE NA VIVACIDADE DE UMA IDEIA, NO ARDOR DE UMA PAIXÃO, NA ENERGIA DE UMA AÇÃO, MAS SEMPRE SER ERUDITO E SEM INSPIRAÇÃO, AMBICIOSO E TÍMIDO, ESCRUPULOSO E MÍOPE.
> **GEORGE ELIOT**, *MIDDLEMARCH: UM ESTUDO DA VIDA PROVINCIANA*

Diante de um fogo aconchegante, com um cão encolhido a seus pés, um homem vestido com um manto verde está sentado em sua cadeira de leitura, mas ele não está lendo. Seu livro jaz fechado sobre um baú de madeira adjacente. Sua cabeça, envolta num lenço cor-de-rosa para aquecimento e conforto, repousa num travesseiro branco. Sua mão direita segura o manto, a esquerda está enfiada dentro dele, como que para se manter aquecida ou para sentir as batidas do coração. Seus olhos estão fechados, de modo que ele não vê (ou escolhe não ver) a freira que se aproxima dele com um livro de orações e um rosário. A freira é provavelmente uma alegoria da fé, convocando o homem para seus deveres espirituais. Uma ampla janela lateral mostra um casal caminhando por uma paisagem bucólica no mundo dos pra-

Hieronymus Bosch, *O filho pródigo* (1487-1516). Cortesia do Museu do Prado.

zeres mundanos. A forma da pintura é uma espécie de trapezoide curvo e dá ao cenário a aparência de um quarto numa torre. Impressa no chão de desenhos geométricos há uma única palavra em letras góticas: *Accidia*.

A imagem faz parte de um tampo de mesa pintado por Hieronymus Bosch nas primeiras décadas do século XVI, e hoje está no Museu do Prado, em Madri. O conjunto da composição retrata, num círculo, os sete pecados capitais, com um Cristo vigilante no centro, erguendo-se sobre o alerta: "*Cave, cave, deus videt*" ("Cuidado, cuidado, Deus está vendo"). Quatro medalhões, um em cada canto do tampo, ilustram, no sentido horário, a morte de um pecador, o Juízo Final, a recepção no Paraíso e as punições no Inferno. Nosso dorminhoco ilustra a preguiça, o pecado conhecido na Idade Média como o demônio do meio-dia.

Uma segunda pintura de Bosch, conhecida como *O mascate* ou *O filho pródigo*, não parece, à primeira vista, tratar do mesmo assunto. Os títulos habituais dessa obra são enganosos: o protagonista é menos um mascate que um peregrino, menos um dos duvidosos mendigos do folclore flamengo que um homem numa busca espiritual. A história do Filho Pródigo voltando à morada de seu pai é talvez uma interpretação mais adequada, uma vez que o relato alegórico fala do pecador arrependido que retorna a seu Pai no Paraíso. Existem duas versões dessa obra: uma no Museu Boijmans, em Roterdã, outra num dos painéis do tríptico *O carro de feno*, no Museu do Prado (há uma cópia também no Escorial). Em ambas as versões, um homem de meia-idade avança por uma paisagem cotidiana de prazeres e ameaças. Na versão do Boijmans, ele está atravessando um vilarejo; na versão do Prado, ele está no campo, prestes a cruzar um regato. Está magro e maltrapilho. Uma de suas pernas (um eco talvez da diferença entre "pé do intelecto" e "pé do afeto", mencionada no capítulo

1) está enfaixada e de chinelo. Ele carrega uma cesta nas costas e um cajado nas mãos. Olha para trás na direção de um cão ameaçador que usa uma coleira com pontas. No segundo plano da versão do Boijmans há uma torre, assomando no horizonte por cima do ombro direito do peregrino. No quadro do Prado, a torre é substituída por um patíbulo que se ergue de modo agourento na colina sobre a cabeça do peregrino. O patíbulo e a torre compartilham a mesma posição infame.

Na tradução para o holandês médio do muito difundido *Speculum Humanae Salvationis*, afirma-se que um peregrino deve deixar sua casa e pôr o pé na estrada, e que ele frequentemente precisa olhar para trás e defender-se de cães perigosos com um cajado[1]. Menos um peregrino alegórico que um homem comum no caminho da salvação, o viajante de Bosch responde ao movimento *Devotio Moderna* do final da Idade Média nos Países Baixos, que conclamava os homens a buscar por conta própria o caminho da salvação, confiados em Deus e guiados não pelo que está escrito nos livros, mas por sua própria leitura do mundo. Neste, o peregrino precisa ser diligente: não deve se permitir ser indolente nem procrastinador, nem ouvir as palavras de falsos pregadores, uma vez que "o Diabo pode citar as Escrituras em favor de seus propósitos maléficos". Em vez disso, ele deve tentar decifrar a verdadeira palavra de Deus no texto do mundo, tendo em mente que, para impedi-lo de seguir devidamente seu caminho, o Diabo espalhou tentações e ameaças nas entrelinhas da página do mundo. Um dos perigos comuns inventados pelo Diabo era um cão ameaçador. De acordo com o folclore flamengo, o cão-demônio assombrava as estradas; podia, entretanto, ser afastado com um cajado de andarilho, que tornava a criatura impotente

[1] Cf. Jos Koldeweij, Paul Vandenbroeck e Bernard Vermet, *Hieronymus Bosch: The Complete Paintings and Drawings*, Roterdã: NAi Publishers, 2001, p. 170.

para perseguir sua vítima atravessando um regato, como o da versão do Prado.

No segundo plano da versão do Prado, seis ou sete pecados capitais estão representados: apenas o da preguiça (*acídia* ou *acédia*) não está presente. Esse papel é deixado para o cão-demônio. Só quando o efeito pecaminoso é atingido (como na pintura da preguiça referida anteriormente) o cão-demônio pode se encolher e dormir. O *Hortulus reginae* de 1487 fala da acídia como "similar à mordida de um cão raivoso"; seguindo seus ensinamentos, sacerdotes alertavam seus rebanhos dizendo que a acídia é como a mordida de um cão raivoso, "um vício seminal que torna a pessoa suscetível a todos os outros"[2]. Um eco desse significado pode ser ouvido na referência de Winston Churchill a sua própria acídia, depressão ou melancolia como "um cão negro". O linguajar psicanalítico moderno manteve a expressão.

Não é fácil distinguir entre estados do "cão negro", acídia, depressão e melancolia; dependendo do contexto, todos podem aparecer sob uma luz positiva ou negativa[3]. Os gregos antigos atribuíam a melancolia ao deus Cronos e a um dos cinco humores corporais, a bile negra. De acordo com a lenda, no século V a.C., o filósofo Demócrito, com o intuito de escapar dos desatinos e das distrações do mundo, instalou-se numa choupana nos arredores de Abdera no que parecia ser um estado de melancolia. Os cidadãos de Abdera, espantados com sua conduta, pediram a Hipócrates que usasse suas habilidades médicas para curar o estranho, que eles tomavam por louco. O sábio Hipócrates,

2 Irving L. Zupnick, "Bosch's Representation of Acedia". Em *Bosch in Perspective*, ed. James Snyder, Englewood Cliffs: Prentice-Hall, 1973, p. 134.

3 Tomás de Aquino, em *Summa theologiae* 2:2, pp. 179-81, discute a distinção entre as vidas contemplativa e ativa, associando etimologicamente a primeira com o repouso e a última com o movimento. "Assim, uma vez que alguns homens tendem predominantemente para a contemplação da verdade e outros para as ações exteriores, a vida do homem distingue-se entre ativa e contemplativa." (Tomás de Aquino, *Selected Writings*, ed. e trad. Ralph McInerny, Harmondsworth: Penguin, 1998, p. 684). Embora ambas sejam, em si mesmas, vidas boas (em termos analógicos, Raquel representa a vida contemplativa e Lia, →

porém, depois de examinar Demócrito, voltou-se para as pessoas e disse-lhes que eram elas, e não o filósofo, que estavam loucas, e que deviam todas imitar a conduta dele e retirar-se do mundo para refletir em perfeita solidão[4]. Hipócrates tomou partido do homem que, mordido pela acídia, retirou-se para meditar sobre o mundo do qual ele não queria fazer parte.

Os primeiros cristãos compreenderam que o isolamento é melhor para encontrar Deus. O intelecto humano foi uma aptidão dada a nós com o intuito de nos ajudar em nossa fé: não para esclarecer os mistérios inescrutáveis, mas para construir um andaime lógico que os sustente. A evidência das coisas não vistas não tornaria visíveis essas coisas mediante a reflexão e o raciocínio, mas estes podiam permitir ao pensador, ao erudito, ao leitor (no caso dos que sabiam ler) que meditassem em tais evidências e se baseassem nelas, o que conferiria ao pecador-peregrino uma visão clara para folhear o livro do mundo. Por essa razão, o isolamento de homens e mulheres religiosos, em celas, cavernas e desertos inóspitos, ajudava na obra determinada por Deus. Às vezes o isolamento era efetuado numa torre erigida em lugares inóspitos, como aquela sobre a qual, no século V, São Simeão Estilita, "tendo perdido a esperança de escapar do mundo horizontalmente, tentou escapar dele verticalmente"[5], passou bem acima de seus confrades os últimos 36 anos de sua vida.

Mas, concomitante a essa necessidade de reclusão para nutrir a vida interior, corria uma corrente subterrânea de culpa, uma autocondenação do próprio ato de pensar em silêncio. A humanidade, ensinavam os pais da igreja, devia usar seu intelecto para compreender o que podia ser compreendido,

→ a vida ativa), cada uma delas pode degenerar em comportamento pecaminoso que brota de amor insuficiente no primeiro caso (levando à ira e à violência) e do excesso de amor no segundo (levando à preguiça ou acídia).

[4] Pseudo-Hipócrates, *Sur le Rire et la folie*, Paris: Rivages, 1989.

[5] Donald Attwater, *A Dictionary of Saints*, Harmondsworth: Penguin, 1965.

mas havia perguntas que não deviam ser perguntadas e limites do pensamento que não deviam ser transgredidos. Dante acusava Ulisses de ter uma curiosidade censurável e um desejo arrogante de ver o mundo desconhecido. Recolher-se à solidão com os próprios pensamentos poderia propiciar esse mesmo desejo pecaminoso de se erguer e, sem o conselho e a orientação de líderes espirituais, permanecer perigosamente insatisfeito. Por isso, a pessoa que buscasse Deus no isolamento devia concentrar-se unicamente em questões do dogma cristão e permanecer dentro dos limites da teologia dogmática; autores pagãos eram perigosos porque desviavam, como as sereias de Ulisses, da rota verdadeira.

No século IV, São Jerônimo narrou detalhadamente um sonho numa carta a um amigo. Com o objetivo de seguir sua vocação religiosa e em conformidade com os preceitos da igreja, Jerônimo se apartara da família e renunciara a todos os prazeres mundanos. O que ele não conseguia obrigar-se a fazer era abandonar sua biblioteca, que formara "com grande cuidado e esforço". Devastado pela culpa, ele se flagelava e jejuava, "só que depois eu talvez lesse Cícero". Passado pouco tempo, Jerônimo caiu gravemente doente. A febre o fez sonhar, e no sonho sua alma era subitamente presa e levada à presença de Deus em seu trono de juiz. Uma voz lhe perguntava quem ele era, e ele respondia: "Sou um cristão". "Você mente", dizia a voz, "você é um ciceroniano." Tomado pelo pavor, Jerônimo prometeu a Deus que "se alguma vez eu voltar a possuir livros mundanos, ou se voltar a lê-los, terei renegado a vós"[6]. Jerônimo não chegou a cumprir plenamente esse grandioso juramento, mas a história é ilustrativa dos perigos que a Igreja percebia na torre do leitor.

6 São Jerônimo, "Letter to Eustochium on Guarding Virginity". Em *The Collected Works of Erasmus*, vol. LXI, *Patristic Scholarship: The Edition of St. Jerome*, ed. e trad. James F. Brady e John C. Olin, Toronto: University of Toronto Press, 1992.

Livre para meditar sobre as misérias do mundo, o monge solitário (o eremita, o anacoreta, como o homem no fragmento da *Accidia* de Bosch) podia ser seduzido para um estado de pensamento suspenso, para a melancolia ou, o que era pior, para o pecado da acídia ou preguiça, o oposto da sede pecaminosa de Ulisses pela exploração, o lado sombrio da paixão reflexiva do filósofo. Na torre de marfim, a alma isolada poderia se perder na inação. Embora a melancolia, conforme se argumentou exaustivamente[7], seja, a despeito de seus sintomas, um estado criativo, é difícil manter uma condição de meditação concentrada sem cair no vazio da acídia. Em tais momentos, a torre perde seu poder nutritivo e se torna um lugar que suga energia espiritual e intelectual. No início do *Fausto* de Goethe, o doutor lamenta que, depois de ler filosofia, direito e medicina, Fausto se sinta incapaz de aceitar os preceitos da fé, e que não esteja nem um pouco mais sábio. As paredes de sua torre confinam sua alma, e ele acredita que todos os seus papéis e instrumentos não são mais do que "entulho ancestral", uma imagem do mundo inventada por seus pensamentos. "Não tenho prazer com coisa alguma agora", diz ele, "pois sei que nada sei."[8] Poderia estar expressando o lamento de todos os seus confrades intelectuais.

Os pensadores do Renascimento tentaram converter numa espécie de virtude o que os primeiros cristãos tinham visto como o pecado da acídia. O grande humanista Marsílio Ficino, comentando sua própria melancolia e seu hábito de recolher-se à solidão ("a qual só se pode abrandar e suavizar um pouco tocando muito alaúde")[9], tentou subtrair-se à influência

[7] Entre outros, cf. Raymond Klibansky, Erwin Panofsky e Fritz Saxl, *Saturn and Melancholia*, Londres: 1964 / rev. 1989; Anne Larue, *L'autre* Mélancholie: *Acedia, ou les chambres de l'esprit*, Paris: Hermann, 2001; Jennifer Radden (ed.), *The Nature of Melancholy: From Aristotle to Kristeva*, Oxford: Oxford University Press, 2000.

[8] Johann Wolfgang von Goethe, *Faust: Der Tragödie erster Teil*, "Nacht". Em *Werke*, ed. Erich Trunz, Munique: C. K. Beck, 1996, vol. III.

[9] Marsílio Ficino, "On Caring for the Health of the Man of Letters". Em *Book of Life*, trad. Charles Boer, Woodstock: Spring Publications, 1980.

de Saturno e atribuir seu estado ao que Aristóteles chamara de "um dom singular e divino", e antes dele Platão definira como "um divino furor"[10]. Embora alertando os eruditos a evitarem tanto a fleuma (que obstrui a inteligência) e a bile negra (que causa demasiada inquietação) "como se eles estivessem navegando nas proximidades de Cila e Caríbdis", Ficino conclui que uma tênue bile negra é benéfica ao homem de letras. Para estimular a sua circulação, Ficino dá instruções detalhadas: não a conduta enérgica do peregrino, alerta na estrada, mas a disposição indolente do filósofo, meditativa e vagarosa. "Quando você sair da cama", aconselha Ficino, "não se apresse a começar sua leitura ou meditação, mas dedique pelo menos meia hora de reclusão para se limpar e se arrumar. Em seguida empreenda sua meditação, que deve ser prolongada por cerca de uma hora, dependendo da sua força. Então, deixe um pouco de lado o que quer que esteja pensando, e nesse ínterim penteie os cabelos de modo diligente e comedido com um pente de marfim, movendo-o quarenta vezes da testa até a nuca. Na sequência, esfregue o pescoço com um pano áspero, só então retornando a sua meditação, por cerca de duas horas, ou a pelo menos uma hora de estudo"[11]. E Ficino conclui: "Se você optar por viver cada dia da sua vida desse modo, o próprio autor da vida o ajudará a permanecer mais tempo com a raça humana e com ele, cuja inspiração faz viver o mundo todo"[12]. Em certos casos e sob certas circunstâncias, na qualidade de fonte de empreendimento filosófico, a melancolia chegava a ser vista como um estado privilegiado, parte integrante da condição intelectual, bem como a fonte de criação inspirada, e o leitor, trancado dessa maneira em sua torre, era ele próprio um criador.

A busca por solidão intelectual levou incontáveis escritores e artistas, ao longo dos séculos, a imitar o

10 *Apud* Marsílio Ficino, "On Caring for the Health of the Man of Letters". Em *Book of Life*.

11 *Ibidem*.

12 *Idem*, "On Prolonging the Life of Scholars". Em *Book of Life*.

isolamento de Demócrito. Uma extensão aparentemente sem fim de torres sólidas atravessa a paisagem literária, desde a de Rabelais em Ligugé até as de Hölderlin em Tübingen, Leopardi em Recanati, Jung em Bollingen. Talvez mais do que qualquer outra, a torre em que Montaigne optou por instalar seu estúdio tornou-se emblemática de tais refúgios. Anexa ao castelo da família na região de Bordeaux, a torre de quatro andares foi transformada pelo pai de Montaigne de uma construção de defesa num espaço habitacional. O piso térreo tornou-se uma capela, acima da qual Montaigne montou um quarto de dormir ao qual ele podia se recolher depois de ler na biblioteca, que ocupava o andar de cima, enquanto um grande sino badalava as horas no ático da torre. A biblioteca era o cômodo favorito de Montaigne, no qual seus livros, mais de mil deles, repousavam em cinco estantes curvas que se encostavam à parede circular. Ele nos conta que de sua janela desfrutava de

> uma vista do meu jardim, do meu galinheiro, do quintal dos fundos e da maior parte da minha casa. Ali eu posso virar as páginas deste ou daquele livro, um pouco de cada vez, sem ordem nem planejamento. Às vezes minha mente vagueia, outras vezes caminho de um lado para outro, anotando esses meus caprichos.

Privacidade era essencial. "Ali", diz Montaigne, "tenho meu lugar. Tento exercer sobre ele um domínio absolutamente puro, subtraindo esse recanto de toda relação, seja ela filial, conjugal ou social. Em todos os outros lugares tenho uma autoridade apenas verbal, e essencialmente incompleta. Pobre do homem (para o meu gosto) que não tenha lugar algum em sua casa onde possa estar a sós consigo, onde possa cortejar a si mesmo em particular, onde possa se esconder!"[13]

---

13 Michel de Montaigne, "On Three Kinds of Social Intercourse". Em *The Complete Essays*, ed. e trad. M. A. Screec, Harmondsworth: Penguin, 1991, p. 933.

Mesmo hoje em dia, a imagem da torre de marfim retém às vezes essa conotação de permitir ao intelectual retirar-se do mundo para compreendê-lo melhor. Em 1966, o dramaturgo e romancista austríaco Peter Handke deu uma palestra em Princeton intitulada "Sou um habitante da torre de marfim", na qual ele contrapunha sua própria escrita à literatura alemã que o precedera. "Uma certa concepção normativa da literatura usa uma expressão encantadora para designar aqueles que se recusam a seguir contando histórias e procuram novos métodos de descrever o mundo", disse Handke. "Ela diz que eles 'vivem numa torre de marfim' e rotula-os de 'formalistas' e 'estetas'." Handke deu início a sua palestra confessando:

> Por muito tempo a literatura foi para mim o meio, se não de ver claramente meu eu interior, pelo menos de enxergar com mais clareza. Ela me ajudou a perceber que eu estava ali, que eu estava no mundo. Certamente eu me tornara consciente de mim mesmo antes de lidar com a literatura, mas foi a literatura que me mostrou que essa consciência não era um caso único, nem sequer um caso, nem tampouco uma doença. Antes da literatura, essa autoconsciência havia, por assim dizer, tomado posse de mim, havia sido algo terrível, vergonhoso, obsceno; esse fenômeno natural me parecera até então um desvio intelectual, uma infâmia, um motivo de vergonha, porque eu parecia estar sozinho nessa experiência. Foi unicamente a literatura que propiciou o nascimento da minha consciência dessa consciência; ela me mostrou claramente que eu não era um exemplo único, que outros viviam a mesma coisa[14].

O ato intelectual, efetuado na torre de marfim, é para Handke (como tinha sido para Ficino) um meio

[14] Peter Handke, *Ich bin ein Bewohner des Elfenbeinturms: Aufsätze*, Frankfurt: Suhrkamp, 1972, pp. 23 e 32.

de apreender nossa própria experiência, e de traduzir o mundo em palavras.

Certas metáforas são lentas em sua formação. Ainda que a imagem que elas descrevem tenha por muito tempo feito parte do *imaginaire*[15] de uma sociedade, como uma figura alegórica ou simbólica, sua transformação metafórica, isto é, a expressão verbal da imagem, pode vir muito mais tarde. A morte visualizada como um território em que entramos pela primeira vez, sem conhecer sua geografia ou o caminho a tomar, aparece nos primeiros textos sumérios e percorre quase todas as literaturas, até que Shakespeare a nomeia como "o país indescoberto" do qual nenhum viajante retorna. O sono imaginado como um estágio da criação dramática no qual as histórias são encenadas para a observância do sonhador é frequentemente citado n'*A epopeia de Gilgamesh*, na primeira literatura egípcia, nos poemas anglo-saxões e ainda na época atual, mas foi só no século XVI que o sono se tornou, nas palavras de Francisco de Quevedo, um "autor dramático" ("*autor de representaciones*") que instala seu teatro no vento. O leitor visto como um excêntrico afastado das ocupações comuns da vida em sociedade, alheado e arrogante, que não se importa nem um pouco com seus semelhantes, só com o mundo dos livros, é zombado em sátiras gregas e romanas, e aparece (infelizmente) em todas as eras; mas foi só no século XIX que a expressão literal "torre de marfim" foi usada para denotar o santuário intelectual do leitor como um lugar de fuga e alheamento do mundo[16]. Em 1837, o crítico francês Charles-Augustin Sainte-Beuve empregou a expressão, talvez pela primeira vez, sem nenhuma conotação negativa, para contrastar a poesia abstrata de Alfred de Vigny aos versos mais engajados politicamente de Victor Hugo, imaginando a torre de

[15] *Imaginaire*, em francês no original: imaginário. [N.T.]

[16] Henry James usou a expressão como título de um de seus dois romances inacabados, que foi publicado um ano após sua morte em 1916 (Henry James, *The Ivory Tower*, Nova York: Charles Scribner's Sons, 1917).

marfim como um santuário livresco, um lugar onde o intelectual podia trabalhar de modo silencioso e eficaz.

E Vigny, mais discreto,
Como que para sua torre de marfim, retornava antes do meio-dia[17].

Na tradição judaico-cristã, a torre aparece como símbolo de força protetora ou de beleza perfeita. O Livro dos Provérbios diz: "O nome do Senhor é torre fortíssima: o justo corre para ela, e nela encontra refúgio"[18], enquanto o salmo 61 afirma: "Pois sois para mim um abrigo, e uma torre sólida contra o inimigo"[19]. Essa imagem é espelhada de modo invertido no Livro de Isaías como a torre dos arrogantes, contra a qual o Senhor se erguerá vitorioso[20]. No Cântico dos Cânticos, a torre se torna um símbolo da beleza da amada (seu pescoço é "como a torre de Davi", seus seios são "como torres")[21]. A imagem de Sainte-Beuve associava as noções de proteção do mundo exterior e de beleza intelectual que idealmente constituem o reino dúctil e sensorial do leitor.

Mas pouco depois a imagem da torre como propiciadora de reclusão para intelectuais ensimesmados começou a ser usada para descrever não o seu refúgio, mas seu esconderijo, a cela para onde eles iam para fugir dos deveres do mundo. Na imaginação do público, a torre de marfim tornou-se um refúgio erguido em oposição à vida nas ruas embaixo, e o intelectual ali escondido passou a ser visto como um esnobe, um frouxo, um indolente, um misantropo, um inimigo do povo.

Ao mesmo tempo que a torre de marfim adquiria essa conotação negativa, emergiu outra conotação igualmente desfavorável: a das "massas" – uma entidade redefinindo e sustentando a outra numa batalha

17 Charles-Augustin Sainte-Beuve: *"Pensées d'août, à M. Villemain"*, *"Et Vigny, pus secret,/ Comme en sa tour d'ivoire, avant midi rentrait"*.

18 Livro dos Provérbios, 18, 10.

19 Salmos, 61, 3.

20 Isaías, 2, 15.

21 Cântico dos Cânticos, 4, 4 e 8, 10.

mútua de execração. Já no século I, Sêneca, tomando partido do intelectual da torre de marfim, vituperava o populacho ou as massas ignorantes. "Os melhores deveriam ser preferidos", escreveu ele, "e no entanto a massa escolhe os piores... Nada é tão pernicioso quanto ouvir as massas, considerando certo o que é aprovado pela maioria, e moldando nossa conduta pela dos que, em vez de viver de acordo com a razão, meramente se acomodam"[22]. Implícita na condenação está a noção de que a vida individual da mente deve ser preferida à regra comum.

Em seu importante livro sobre os intelectuais e as massas, John Carey observa que os diversos conceitos de "massas" no *Minha luta* de Hitler ("como sub-humanos extermináveis, como um contido rebanho burguês, como nobres trabalhadores, como campesinato bucólico") seriam familiares a leitores contemporâneos. "A tragédia de *Minha luta*", escreve Carey, "é que não se trata, em muitos aspectos, de uma obra desviante, mas sim de uma obra firmemente enraizada na ortodoxia intelectual europeia"[23]. A oposição percebida entre a elite pensante, criativa, e as massas pusilânimes e sem discernimento tem uma longa tradição na Europa. Carey começa sua história com *A rebelião das massas* (1930), de Ortega y Gasset, em que o historiador espanhol observa que, se até 1800 a população da Europa não excedia 180 milhões, de então até 1914 ela passou a abarcar 460 milhões de seres humanos. Em face desse "dilúvio", "enxame", "inundação", "explosão" (alguns dos termos usados pelos escritores da época), o indivíduo intelectual sentia-se ameaçado e via a própria existência dessas "massas" como abominável. Ao mesmo tempo que movimentos de democratização avançavam em muitas áreas sociais diferentes, intelectuais eram vistos re-

[22] Sêneca, "De tranquillitate". Em *Moral Essays*, ed. R. M. Gummere, Cambridge: Harvard University Press, 1955.

[23] John Carey, *The Intellectual and the Masses: Pride and Prejudice Among the Literary Intelligensia, 1880-1939*, Londres: Faber and Faber, 1992.

colhendo-se cada vez mais em suas torres de marfim, distantes do que o romancista George Moore chamou de "a cega, amorfa e insaciável Massa"[24]. À torre do intelectual melancólico, o imaginário moderno opunha os espaços abertos das multidões. No que diz respeito à primeira, desenvolveu-se um certo sentimento de ressentida claustrofobia, enquanto uma sensação semelhante a uma altiva agorafobia emergiu em direção às massas sem rosto.

[24] George Moore, *Confessions of a Young Man, 1886: Edited and Annotated by George Moore, 1904 and Again in 1916*, Harmondsworth: Penguin, 1918.

ESQUERDA Gustaf Gründgens como Hamlet (1936). Cortesia dos Arquivos Federais Alemães.
DIREITA John Gielgud como Hamlet (1934). Cortesia da Getty Collection.

O PRÍNCIPE ESTUDIOSO

VOCÊ ACREDITA VER DOIS PONTOS NA ALMA DE HAMLET
AINDA NÃO CAPTURADOS PELOS ALEMÃES.
ROBERT BROWNING, *BISHOP BLOUGRAM'S APOLOGY*
[APOLOGIA DO BISPO BLOUGRAM]

A dupla imagem da torre de marfim, como um refúgio para a reclusão reflexiva (com seus perigos correspondentes) e um esconderijo em relação à responsabilidade e à ação (com sua consequente culpa), é talvez melhor exemplificada pelas contradições percebidas por gerações de leitores no hesitante, impulsivo, meditativo, violento, filosófico e tempestuoso Príncipe Hamlet.

À medida que os cadáveres se acumulam e a tragédia se aproxima do fim, antes de renunciar para sempre ao poder da fala, o mortalmente ferido Hamlet se dirige a seu amigo Horácio e lhe implora:

> Se algum dia me guardaste em teu coração
> Afasta-te por um momento da ventura,
> E neste mundo cruel extrai dolorosamente seu alento
> Para contar minha história[25].

O último desejo de Hamlet é duplo: que Horácio conte tudo o que aconteceu e que o faça em zeloso

[25] William Shakespeare, *Hamlet*, ato v, cena 2.

isolamento, abrindo mão tanto de sua existência despreocupada anterior como de seu atual estado de desespero clássico, tirando sua inspiração (ou "alento") do próprio "mundo cruel". Ambas as ações requerem que Horácio retorne ao passado: para revisitar os eventos que o público acaba de testemunhar (obrigando desse modo Horácio a tornar-se, por assim dizer, o autor declarado da peça); e, com esse intuito, para demorar-se no triste momento em que a tragédia se conclui. De fato, Hamlet pede a Horácio que adie a hora de sua própria morte (Horácio tinha acabado de declarar que é "mais um romano antigo que um dinamarquês", isto é, que cometerá suicídio) e se concentre em vez disso na labuta intelectual que honrará a vida do próprio Hamlet.

Andrew C. Bradley, um dos mais perspicazes críticos de Shakespeare, comparou Hamlet com Brutus e observou que "ambos são altamente intelectuais por natureza e pensativos por hábito. Ambos podem até ser chamados, num sentido popular, de filosóficos"[26]. Para Bradley, porém, o que define Hamlet não são as circunstâncias exteriores do enredo, ou as operações conscientes da mente do príncipe. A astuta ponderação que "debilita o poder de agir" do "príncipe doente das ideias" não explica a contento para Bradley a indecisão de Hamlet. A força intelectual de Hamlet não é a de um filósofo treinado ou de um artista. Embora seu aprendizado, por mais errático que seja, provenha de suas leituras, sua mente não está limitada pela escolástica; ele é um questionador, um livre-pensador crítico. De acordo com Bradley, Hamlet "estava sempre desfazendo seu mundo e reconstruindo-o no pensamento, dissolvendo o que para outros eram fatos sólidos, e desvendando o que para outros eram verdades estabelecidas. Não há verdades estabelecidas para Hamlet"[27].

[26] Andrew C. Bradley, *Shakespearean Tragedy*, Nova York: St. Martin's Press, 1966; Echo Library, 2006, p. 44.

[27] *Ibidem*, p. 62.

A personalidade de Hamlet pode ser vista pelo menos sob duas perspectivas: a dele próprio, isto é, por meio de sua própria percepção das manifestações de seus pensamentos melancólicos, dúvidas e indagações; e pelos olhos dos que estão à sua volta, amigos e inimigos. Visto de dentro, Hamlet é um intelectual amador, um homem ao mesmo tempo desnorteado e fascinado pela experiência do mundo, mas que, em vez de agir como um homem no mundo (de acordo com as noções elisabetanas de masculinidade), responde ao mundo de uma maneira feminina, sentindo que precisa "(como uma prostituta) desafogar meu coração com palavras/ E sair blasfemando como uma meretriz,/ Um ajudante de cozinha!"[28]. Visto de fora, ele é um homem apático (a despeito de todas as suas demonstrações físicas de ação ao confrontar sua mãe, Ofélia, Polônio, Laertes, e mesmo seus colegas estudantes, os "tediosos e velhos tolos"), por motivo de desdém, ou loucura, ou ambos. Ofélia tem medo dele, Polônio o julga apaixonado, Gertrude supõe que o ânimo do filho deriva do comportamento dela própria ou da morte do pai dele, Cláudio não se permite ver uma razão para a sua "perturbação". Ofélia o define como "uma mente nobre" e "o olho, a língua, a espada do cortesão, do soldado, do sábio", combinando assim maneiras refinadas, valentia e intelecto, tudo isso "agora arruinado"[29]. Dessas três qualidades, é o intelecto de Hamlet que, do ponto de vista de seu público, o governa e, ao mesmo tempo, está perturbado de modo mais violento.

Como Hamlet, Horácio também é um jovem intelectual (uma palavra que adquire seu significado moderno na época de Shakespeare), um estudante na Universidade de Wittenberg que, a despeito de confessar uma "disposição indolente", é sem dúvida um acadêmico – "amigos, acadêmicos e soldados"[30] é

[28] William Shakespeare, *Hamlet*, ato II, cena 2.

[29] *Ibidem*, ato III, cena 1.

[30] *Ibidem*, ato I, cena 5.

como Hamlet chama a Horácio e Marcelo. Rememorando uma montagem de 1929 da peça, John Gielgud observou que, na "comovente e convincente" cena inicial, os sentinelas na torre, "velhos e barbados veteranos", aterrorizados diante do fantasma de seu velho senhor, mostravam uma cândida confiança "na sabedoria do jovem estudante Horácio". Horácio "era mais inteligente do que eles e saberia interpretar seus temores"[31].

Tal crença no poder intelectual não era, no tempo de Shakespeare ou em qualquer época, desprovida de reservas, e os eruditos eram vistos com uma mistura de admiração reverente e desconfiança. Um acadêmico como Hamlet não tinha nenhum conhecimento verdadeiro da vida e no entanto se aferrava firmemente a sua filosofia. Hamlet não conhece o verbo "parecer"[32]; "Sangue de Deus", diz ele sobre a tenebrosa trama, "há algo nisso que não é natural, se a filosofia pudesse desvendar"[33]. O "se" é retórico; Hamlet está convencido de que a filosofia (ou pelo menos as suas próprias investigações filosóficas) *pode* desvendar aquilo.

Mas no mundo da corte dinamarquesa tanto soldados como cortesãos veem Hamlet como um dândi pedante, que vive palavreando a sabedoria que aprende nos livros. Hamlet (como Próspero) supostamente "sabe coisas" unicamente por causa de seus livros, e se fosse despojado desses mágicos amuletos perderia seus alardeados poderes sobre-humanos. "Lembrem-se", diz Caliban aos marinheiros, tentando convencê-los a matar o instruído Próspero, "Primeiro tomem posse de seus livros, pois sem eles/ Ele não passa de um beberrão como eu"[34].

O mundo de Shakespeare não era complacente com os intelectuais. Embora possamos gostar de imaginar Shakespeare ao lado de Próspero contra o ani-

[31] John Gielgud, *Acting Shakespeare*, Londres: Pan Books, 1997.

[32] William Shakespeare, *op. cit.*, ato I, cena 2.

[33] *Ibidem*, ato II, cena 2.

[34] William Shakespeare, *The Tempest*, ato III, cena 2.

malesco Caliban, assim como gostamos de imaginá-lo tomando partido do Príncipe da Dinamarca contra seu tio assassino, Shakespeare não era um defensor incondicional do leitor recluso. Claro que um dramaturgo elisabetano era tido como alguém que possuía certa cultura letrada: Nashe ridicularizou o "rude penetra" (provavelmente Thomas Kyd) "que nunca frequentou universidade mas ainda tem o descaramento de se apresentar como dramaturgo"[35]. O intelectualismo por si mesmo é louvado ironicamente nas peças de Shakespeare, seja nos baixios pomposos da retórica de Jacques, seja no alto da arrogância desdenhosa de Sir Nathaniel ao criticar o pobre Dull ao pedante Holofernes: "Sir, ele nunca se nutriu das iguarias produzidas num livro; não comeu papel, por assim dizer; não bebeu tinta; seu intelecto não está abastecido; não passa de um animal, sensível apenas nas partes mais embotadas"[36].

Em Arden tudo vai muito bem, e Rosalind e Orlando podem ter ali seus divertimentos, mas é na corte do duque Frederick que reside o verdadeiro poder e o curso das coisas é determinado. Próspero é senhor dos sonhos e espíritos em sua ilha, protegido e guiado por suas leituras, mas o fato é que ele é um governante deposto, levando uma vida imaginária no exílio. E Hamlet, o príncipe estudioso, é o *outsider* na emaranhada teia da política da Dinamarca, a quem o rei Cláudio (quaisquer que sejam suas razões particulares) quer impelir à ação, romper sua disposição passiva e "expelir/ Essa matéria um tanto sedimentada em seu coração". Na verdade, Hamlet e seu amigo de faculdade ou agem erradamente ou nem sequer agem. O exemplo de pôr mãos à obra é dado por Cláudio, ou Gertrude, ou pelo fantasma do rei, ou mesmo pelo pomposo Polônio, enquanto Hamlet

[35] Stephen Greenblatt, *Will in the World: How Shakespeare Became Shakespeare*, Nova York: W. W. Norton, 2004.

[36] William Shakespeare, *Love's Labour's Lost*, ato IV, cena 2.

e seus camaradas são, no sentido menos nobre da expressão, homens de palavras.

Laertes é outra história. Ele se situa em algum lugar intermediário; não é plenamente um personagem ativo (apesar de se jogar em covas e desembainhar espadas), nem tampouco um hesitante cavalheiro de letras (apesar de sua retórica indignada). Laertes serve, por um lado, como uma lousa em que seu pai, Polônio, pode expressar seu conselho para seguir adiante no mundo, para ser um homem de ação adequada. Por outro lado, Laertes é um espelho de Hamlet e suas dúvidas. "Mostra-me o que farias!"[37], Hamlet grita para ele, embora (como observou Northrop Frye) "não exista a essa altura para Laertes uma ação apropriada, exceto a de matar Hamlet"[38]. Laertes é um homem de pouca ação e escassas palavras.

Na Alta Idade Média, o homem de palavras (o que significava o estudioso das Escrituras) era louvado como um homem de virtude. Tomás de Aquino observou que "de acordo com Agostinho, em *A doutrina cristã* 4:12, alguém versado nas palavras deveria usá-las para ensinar, para deleitar e para transformar; isto é, ensinar ao ignorante, deleitar o enfastiado e transformar o indolente"[39]. Agostinho sustentara que as palavras nos ofereciam a possibilidade de um entendimento maior, mediante o que a memória pudesse selecionar a partir dos textos estudados. Ler, acima de todas as outras atividades, propiciava um espaço no qual a mente poderia se descolar de seu entorno cotidiano e dedicar-se a assuntos mais elevados, não tanto decodificando conscientemente o texto na página, mas antes permitindo que o texto transportasse o leitor numa jornada interior. Embora Agostinho acredi-

[37] William Shakespeare, *Hamlet*, ato v, cena 1.

[38] Northrop Frye, *Northrop Frye on Shakespeare*, Markham: Fitzhenry and Whiteside, 1986.

[39] Tomás de Aquino, "Commendation of and Division of Sacred Scripture". Em *Selected Writings*, ed. e trad. Ralph McInerny, Harmondsworth: Penguin, 1998.

tasse que um estado de bem-aventurança suprema só pudesse ser alcançado com a ressurreição do corpo, *algo* semelhante a tal estado era possível para o viajante terreno, um momento de iluminação proporcionado pelo ato de ler. Para Agostinho, ler e escrever eram dons divinos ou obrigações impostas a Adão e Eva por sua primeira desobediência. Antes da Queda, eles se comunicavam sem linguagem, de alma para alma, e depois da última trombeta, quando a linguagem mais uma vez deixasse de ser necessária, a leitura e a escrita desapareceriam da Terra[40]. Mas enquanto formos deste mundo, as palavras permanecerão nossa única, necessária e humilde herança.

Portanto, de acordo com Agostinho, a ação positiva neste mundo poderia ser empreendida por meio da leitura, por meio da passagem das palavras na página para o pensamento e para o território além do pensamento, para a compreensão da evidência de coisas não vistas. A vida meditativa era a melhor vida, como o próprio Cristo indicara a Maria e a Marta. Diante de seus colegas estudantes Rosencrantz e Guildenstern, Hamlet sustenta que só o pensamento define o mundo, conferindo-lhe entendimento. Para Hamlet, o fato de estar na Dinamarca sufoca sua habilidade de pensar livremente; não é o caso de Guildenstern e Rosencranctz, que se deleitavam com seu *status* de hóspedes da corte. "Bem, então não o é [uma prisão] para vocês", responde Hamlet, "pois não há nada que seja bom ou mau em si, mas é o pensamento que assim o define. Para mim é uma prisão"[41]. Tal niilismo, para usar um termo anacrônico, era escarnecido por Shakespeare, para quem o mundo, como mostram seus escritos, é de uma implacável realidade que não depende dos caprichos da lucubração filosófica. As coisas podem

[40] Cf. Brian Stock, *Augustine the Reader: Meditation, Self-Knowledge, and the Ethics of Interpretation*, Cambridge: Belknap Press of Harvard University Press, 1996.

[41] William Shakespeare, *Hamlet*, ato II, cena 2.

ter (e de fato têm) esta ou aquela aparência, mas o sangue, a pedra, as paixões humanas e o mundo em si têm uma existência sólida que (para seguir a história de Agostinho) estamos condenados a traduzir em palavras, numa patética tentativa de apreendê-los.

Foi Coleridge que deu início à tradição de ver Hamlet como um homem "paralisado pelo excesso de pensamento". De acordo com ele, no príncipe estudante, Shakespeare

> parece ter desejado exemplificar a necessidade moral do devido equilíbrio entre nossa atenção ao objeto dos nossos sentidos e a meditação sobre as operações de nossas mentes – um *equilibrium* entre os mundos real e imaginário. Em Hamlet, esse equilíbrio é perturbado: seus pensamentos, e as imagens de sua fantasia, são muito mais vívidos que suas percepções reais, e suas próprias percepções, passando instantaneamente através do *medium* de suas contemplações, adquirem, ao passar, uma forma e uma cor que não são naturalmente as suas. Por isso vemos uma grande, uma quase enorme atividade intelectual, e consequentemente uma aversão proporcional à ação real, com todos os sintomas e qualidades correspondentes. É esse personagem que Shakespeare coloca em circunstâncias sob as quais ele é obrigado a agir sob o impulso do momento: Hamlet é valente e não teme a morte; mas ele vacila por conta da sensibilidade, e adia por conta do pensamento, e perde o poder de ação na energia da decisão[42].

Hamlet foi alertado para as consequências de permitir que o pensamento sobrepujasse a ação. O fantasma de seu pai (a quem Jacques Derrida definiu sagazmente como "essa não presença presente, esse

[42] Samuel Taylor Coleridge, *Lectures and Notes on Shakspere [sic] and Other English Poets*, Londres: George Bell and Sons, 1904, pp. 368 e 344.

estar-aí de um ausente que desafia a semântica tanto quanto a ontologia, a psicanálise tanto quanto a filosofia") é o lembrete paradoxal de que "há mais coisas entre o céu e a terra"[43] do que sonha a filosofia tanto de Horácio como de Hamlet. O fantasma é a encarnação da realidade irreal, daquilo que está além das margens dos livros de Hamlet. Para vivenciar essa presença (o fantasma é referido como uma coisa, não como uma pessoa), Hamlet precisa passar da concretude das palavras escritas à evidência evanescente oferecida pelo mundo. Se Hamlet não agisse, diz-lhe o fantasma, seria mais inútil "que o capim/ Que se espalha sem controle nas margens do Lete". O Lete, o rio do Hades que propicia o esquecimento, era, segundo os antigos, uma passagem necessária para as almas antes de sua reencarnação[44]. Para que Hamlet possa agir no mundo, o Lete precisa limpá-lo de seus impedimentos intelectuais. Para aprender algo novo – a ação decisiva –, algo velho precisa ser esquecido, a filosofia anterior tem que ser purificada. Isso é uma coisa que Agostinho, tentando conciliar as Escrituras com seu velho amor pelos clássicos pagãos, teria compreendido muito bem. Não é que Hamlet decida não agir; é que, empanturrado de ensinamentos acadêmicos, ele não se permite desaprender seu catecismo universitário e aprender de novo a partir da experiência factual daquilo que irrompeu subitamente em sua consciência; isto é, a aparição do fantasma que é mais do que um mero prodígio aterrorizante na vida de Hamlet. Conforme Shakespeare deixa claro, é o começo da erosão de todo o universo intelectual de Hamlet, de seu aprendizado ético e moral, de sua confiança na realidade do que é dito nos livros. Na condição de estudante, sua biblioteca era seu universo, sua experiência completa do mundo, o mundo como biblioteca que ele mais tarde passa a ver como

[43] William Shakespeare, *Hamlet*, ato I, cena 5.

[44] Virgílio, *Eneida*, Livro VI, verso 714.

uma prisão. E esse pode ser um dos significados de seu célebre enunciado:

> Eu poderia estar encerrado numa casca de noz,
> E me ver como rei de um espaço infinito,
> Não fosse pelos sonhos maus que eu tenho[45].

Para Hamlet, encerrado na casca de noz de sua biblioteca, o mundo real, o mundo fora dos livros, é um pesadelo aprisionador. Nesse sentido, o fantasma do pai de Hamlet surge como uma libertação apavorante. O fantasma demanda implicitamente que Hamlet feche seus livros, saia do seu espaço confinado de palavras e encare os fatos dolorosos, que, como sua "carne sólida, sólida demais", recusam-se a dissolver-se. Hamlet (diz-lhe o fantasma) precisa relembrar seu pai, o rei assassinado, e não "a matéria mais ordinária" escrita em seus livros. Desse modo Hamlet é confrontado brutalmente com uma realidade (ou antes com uma "irrealidade" que é mais real que o real) que substitui os "caros registros triviais" que ele escolheu copiar, com uma realidade terrena que suplanta o palavreado de seus livros e "catálogos". Esses "catálogos", mantidos habitualmente por estudantes no tempo de Shakespeare, eram cadernos de citações nos quais eles supostamente deviam copiar exemplos inspiradores e ensinamentos morais dos clássicos. Tudo isso deve agora ser substituído pelos ensinamentos sangrentos do fantasma de seu pai. "Recordar-te?", pergunta Hamlet em resposta à injunção do fantasma:

> Sim, do catálogo da minha memória
> Hei de apagar todos os caros registros triviais
> Todos os ditados dos livros, todas as formas, as aflições passadas

[45] William Shakespeare, *Hamlet*, ato II, cena 2.

Que a juventude e a observação copiaram ali,
E restará unicamente o teu mandamento
No volume escrito em meu cérebro,
Não turvado por material mais vil[46].

Confrontado com o fantasma e suas revelações explícitas, Hamlet se dá conta de que precisa descer de sua torre de marfim e agir. Mas agir como? Por que sua conduta é tão desconcertante para os outros membros da corte, cada um deles interpretando as ações do Príncipe de acordo com seus próprios olhos crédulos ou culpados? Tom Stoppard, em *Rosencrantz & Guildenstern estão mortos*, faz um de seus bufões resumir a situação:

> Seu pai, a quem você ama, morre; você, que é seu herdeiro, retorna e descobre que o cadáver ainda nem esfriou direito e o irmão mais moço dele já saltou para o seu trono e para os seus lençóis, ultrajando assim tanto a lei como a natureza. E ainda perguntam por que, exatamente, você está agindo de modo tão insólito?[47].

Na verdade, como o público impacientemente se dá conta, Hamlet não tem propriamente uma "conduta". Talvez a acusação de Coleridge de procrastinação deliberada seja forte demais, mas permanece o fato de que, depois de cinco longos atos e muitos eventos terríveis, Hamlet ainda não abandonou as palavras em favor da ação, não trocou sua torre de marfim pela praça pública. Ele morre, mas mesmo este não é um evento desprovido de palavras. No final da peça, o repouso certamente não significa silêncio.

[46] William Shakespeare, *Hamlet*, ato I, cena 5.

[47] Tom Stoppard, *Rosencrantz and Guildenstern Are Dead*, Nova York: Grove Press, 1967, ato I.

Há pouco tempo, o crítico Stephen Greenblatt sintetizou a peça como "a história do longo intervalo entre o primeiro movimento... e a consumação da coisa terrível"[48]. Reflexão apresentada como ação, dúvidas filosóficas consideradas eventos, um enredo que se desenvolve sem se realizar: são essas as características do ato intelectual que permitem a quem está de fora julgar o pensador, o erudito e o leitor como ineficientes e alheados. Embora a peça possa mostrar o lado ativo da inação (ou melhor, da ação mental), o próprio ator é visto sob a luz negativa do que permanece em estado de expectativa. Jorge Luis Borges descreveu uma vez o fato estético como "a iminência de uma revelação que não acontece". Essa iminência, essa revelação prometida, converte a torre de marfim numa sala de espera, e é, para a maioria de nós, insuportável.

A noção oposta, a da torre de marfim como um lugar positivo, é o ideal que o historiador Jacques Le Goff viu desenvolver-se mais cedo, na Idade Média. Era esse o ideal de Tomás de Aquino, que levou à fundação de universidades e bibliotecas como centros de estudos, com o intuito não de fugir do mundo, mas de refletir melhor sobre ele. De acordo com Le Goff, quando o intelectual medieval começou a abandonar os círculos fechados de leitura e oração e entrou nos espaços da ciência empírica e da vida política fora dos muros da universidade e do monastério, outro grupo de leitores assumiu o papel de eruditos reclusos. "O humanista é um aristocrata", escreveu Le Goff sobre os novos intelectuais dos séculos XVI e XVII.

De uma só vez, o humanista adota como emblema a inteligência e o espírito, ao mesmo tempo que enlanguesce em cima dos livros e sua eloquência reflete as noites passadas em claro estudando. Ele escreve apenas para

[48] Stephen Greenblatt, *Will in the World: How Shakespeare Became Shakespeare*, Nova York: W. W. Norton, 2004.

iniciados. Quando Erasmo publica seus *Adágios*, seus amigos lhe dizem: "Você revelou nossos mistérios!".

Esse mundo intelectual é o do estudante Hamlet e de seus amigos: a restrita academia de mistérios que não são revelados aos não iniciados, o mundo privilegiado do conhecimento e da toga. Em Oxford, por exemplo, estudantes e professores reivindicaram os privilégios de jurisdição eclesiástica, e o governo assegurava à universidade uma tal situação de independência que se chegou a dizer que "os habitantes do burgo moravam em sua cidade quase como hilotas ou vassalos de um povo invasor"[49]. (Na França as coisas eram diferentes, observa Le Goff, uma vez que os centros de estudo nunca alcançaram um grau semelhante de separação da cidade, de modo que quando os humanistas chegaram a Paris, não lecionaram na universidade, mas numa instituição elitista, o Colégio de Leitores Reais, o futuro Collège de France.) Por todos os cantos da Europa, os humanistas trabalhavam em silêncio, escondendo o próprio fato de trabalharem e vangloriando-se de seu ócio, o *otium* dos antigos romanos. "Não tenha vergonha dessa ilustre e gloriosa inatividade de que as grandes almas sempre desfrutaram", escreveu o teólogo do século XV Nicolas de Clamanges ao erudito Jean de Montreuil, louvando algo aparentado à melancolia, à acídia, à preguiça. Hamlet acredita que essa inatividade lhe permitirá ser um homem melhor, a reinar talvez um dia como soberano da Dinamarca, mas descobre que o mundo não é nada parecido com o *hortus conclusus*, o jardim fechado da sua biblioteca. "Quão enfadonhos, insossos, vulgares e sem sentido", diz ele, "parecem-me todos os usos deste mundo!/ Ao diabo com isso! É um jardim descuidado/ Onde o

[49] Hastings Rashdall, *The Universities of Europe in the Middle Ages*, Oxford: Clarendon Press, 1985, vol. II, cap. 12, seção 3.

mato cresce desordenado; as ervas mais vulgares e insalubres/ dominam-no por inteiro"[50].

Como nota o estudioso shakespeariano Jonathan Bate, Shakespeare

> tem uma mente mais prática do que Próspero [e Hamlet]. Sua arte dramática traduz um tema de livros antigos da *vita contemplativa* para a *vita activa* por força de seu próprio meio de produção: diferentemente do espaço contemplativo privado da biblioteca, a esfera pública do teatro pertence à vida social ativa do cidadão. A defesa humanista do teatro contra o puritanismo era a de que o teatro tinha a capacidade de levar a um público mais amplo o tipo de edificação moral que era acessível de modo privado e seletivo a leitores humanistas da elite por meio de sua instrução letrada[51].

Para Shakespeare, que não era um homem de universidade, o conceito da torre de marfim, da qual Hamlet reluta em sair, era algo a ser escarnecido.

E no entanto, como afirmou A. D. Nuttall, "é difícil pensar em qualquer coisa em Hamlet da qual se possa ter certeza absoluta"[52]. Por sucessivas gerações, a recusa de Hamlet mostrou-se difícil de aceitar, talvez porque refletisse outras recusas incômodas que seu público não estava disposto a reconhecer. Da leitura de Coleridge em diante, foram feitas várias tentativas de resgatar o Príncipe da sua torre, de mostrar que o desdenhoso confinamento não o havia seduzido por completo.

Em 23 de abril de 1940, o crítico teatral alemão Wolfgang Keller dirigiu-se à Sociedade Shakespeariana Alemã com estas palavras:

[50] William Shakespeare, *Hamlet*, ato I, cena 2.

[51] Jonathan Bate, *Soul of the Age: A Biography of the Mind of William Shakespeare*, Nova York: Random House, 2009.

[52] A. D. Nuttall, *Shakespeare the Thinker*, New Haven: Yale University Press, 2007.

Lá fora, por todo o turbulento Mar do Norte, nossas bravas forças, em destemidas naus ou em aviões trovejantes, estão atacando os navios de guerra britânicos e seus esconderijos. Os britânicos que, aliados aos nossos incansáveis inimigos do Oeste, estão desfechando uma guerra de aniquilação contra nós... Nós, porém, celebramos Shakespeare, um filho do solo inglês. Será que podemos?[53].

Dois séculos antes, Johann Gottfried Herder chamara a atenção para as raízes de Shakespeare na poesia nórdica e propusera a ideia de que, nascido na Inglaterra "por engano", Shakespeare era na verdade alemão. Na linha da alegação de Herder, Keller vangloriava-se do fato de a Alemanha ter sido o primeiro país europeu a traduzir Shakespeare (Caspar W. von Borck traduziu *Júlio Cesar* para o alemão em 1741). Com esse ato, sustentava Keller, os alemães foram os primeiros a reivindicar seu direito a Shakespeare. Além do mais, prosseguiu Keller, dois séculos de trabalho crítico alemão sobre Shakespeare tinham dado à Alemanha o direito de classificar "o maior dramaturgo das tribos germânicas como um clássico alemão, que nenhuma diplomacia britânica jamais poderá roubar de nós". Para justificar essa presunção, Keller apontava as similitudes entre a Inglaterra elisabetana e o Terceiro Reich. "A percepção da vida dos elisabetanos", escreveu Keller, "era heroica, militar, jovem e ansiosa de progresso, faminta por ações e aventuras". Mas a razão pela qual a própria Alemanha não chegara a produzir um Shakespeare todo seu era clara: a Inglaterra de Shakespeare estava "livre de judeus havia trezentos anos".

Hamlet era a peça shakespeariana favorita do Terceiro Reich. Entre 1936 e 1941, o Berlin Staatstheater

[53] *Apud* Onno van Wilgenburg, *The Play's the Thing: (Anti-) Nazi Shakespeare Appropriation 1933-1999.*

encenou-a quase duzentas vezes. Uma das produções mais notáveis foi dirigida por Lothar Müthel, com o célebre Gustaf Gründgens no papel-título. Gründgens foi talvez o ator mais famoso da história do teatro alemão: ficou conhecido por representar Mefistófeles em *Fausto*, de Goethe, e mais tarde foi o tema do romance *Mephisto*, no qual o cunhado de Gründgens, Klaus Mann, descreveu a colaboração do ator com o regime nazista. Gründgens interpretou Hamlet contra as expectativas tradicionais. Em vez do intelectual indeciso e reflexivo, Gründgens encarnou um Hamlet valente e determinado, e nada hesitante. Nas palavras do biógrafo do ator, Curt Riess: "Nasceu um novo Hamlet, que nunca fora visto antes. Um Hamlet cheio de responsabilidade, um Hamlet pronto para agir, e sem medo de bancar o louco". Para atingir esse resultado, todas as falas que pudessem sugerir passividade foram cortadas, e a cena 4 do ato IV foi eliminada inteiramente. Para Riess, "outros Hamlets podiam perguntar a si mesmos se deviam agir ou não. Para Gründgens, não se colocava tal questão, enquanto existisse o regime de terror, enquanto os criminosos reinassem". Num desconcertante paradoxo, o ator com simpatias nazistas descrevia seu herói como um resistente contra a tirania – dinamarquesa no texto, nazista aos olhos de uma audiência perspicaz. Nenhum figurino contemporâneo foi necessário para sublinhar o paralelo: Gründgens vestia um manto de colarinho largo e um chapéu com aba vertical, mais de afetado estudante de Wittenberg do que de príncipe guerreiro. E, no entanto, o efeito foi poderoso. "Quando a cortina se ergue", escreveu o próprio Gründgens a um de seus críticos, "eu não quero interpretar Hamlet, eu quero voltar a Wittenberg. É contra a minha vontade que recebo o fardo de uma verdade da qual não posso fugir... Quero agir, mas preciso saber.

Caso contrário não poderei agir". A reflexão filosófica é, para o Hamlet de Gründgens, não uma indulgência egoísta, mas uma função intelectual que leva forçosamente à ação. Na interpretação de Gründgens, a torre de marfim se torna não um santuário, mas uma torre de vigia.

Desenho de uma figura numa sacada, por Franz Kafka.

A TORRE DE VIGIA

DEIXE QUE AS MASSAS LEIAM SOBRE ÉTICA E MORAL,
MAS PELO AMOR DE DEUS NÃO DÊ A ELAS POESIA PARA
ESTRAGAREM.
STÉPHANE MALLARMÉ, *PROSES DE JEUNESSE*
[PROSAS DA JUVENTUDE]

A noção do intelectual recolhido foi escarnecida também, por razões diferentes e com outros argumentos, por pensadores marxistas. Antonio Gramsci, mais vigorosamente que outros, via o papel do intelectual como o oposto do de Hamlet, isto é, não o de esperar e refletir, mas o de pôr mãos à obra, explorando e decifrando os intrincados problemas da sociedade, e cumprindo uma função ativa na passagem do capitalismo para o socialismo, e no governo de um estado socialista: não apenas uma elite revolucionária, mas o conjunto do público leitor, exercendo conscientemente suas capacidades intelectuais.

Gramsci estava profundamente interessado no papel do intelectual na sociedade. Ele atacava a ideia de cultura como mero conhecimento enciclopédico, e via na atitude de certos estudantes e profissionais uma desculpa para se diferenciarem hierarquicamente das massas.

Eles acabam por se ver como diferentes e superiores até mesmo ao mais qualificado trabalhador, que desempenha uma tarefa precisa e indispensável na vida e é cem vezes mais valioso em sua atividade do que eles são na deles. Mas isso não é cultura, e sim pedantismo, não é inteligência, e sim intelecto, e reagir contra isso é inteiramente legítimo.[54]

Para Gramsci, "todos os seres humanos são intelectuais, mas nem todos têm na sociedade a *função* de intelectuais; isto é, nem todo mundo tem uma função social intelectual"[55]. Cada grupo social existente cria em seu seio camadas de intelectuais que lhe dão sentido, ajudam-no a manter-se coeso e a funcionar: gestores, funcionários públicos, o clero, professores, cientistas, advogados, médicos e assim por diante. Para Gramsci, o intelectual não pertence a uma classe social separada, mas atua no seio de uma classe específica, de acordo com as necessidades de tal classe. Assim, Hamlet age dentro dos círculos da realeza intelectual e não pode se conduzir de acordo com o comportamento da aristocracia militar (como Horácio) ou da burguesia política (como Laertes).

Em seus *Cadernos do cárcere*, Gramsci distinguia os intelectuais entre "orgânicos" e "tradicionais", ambos vistos pela sociedade como pertencentes a duas categorias distintas. O "intelectual orgânico" parece fazer parte explicitamente de uma classe social particular, aliada e auxiliar da classe dominante, um produto do sistema educacional oficial, instruída a exercer uma função para o grupo social dominante. É por meio desse intelectual orgânico que a classe dominante mantém sua hegemonia sobre o restante da sociedade[56]. Seguindo essa definição, o teórico social C. L. R. James observou que, na época de Shakespeare,

---

[54] David Forgacs (ed.), "Socialism and Culture". In *An Antonio Gramsci Reader: Selected Writings 1916-1935*, Nova York: Schocken Books, 1988.

[55] Antonio Gramsci, *Prison Notebooks*, ed. e trad. Joseph A. Buttigieg, Nova York: Columbia University Press, 2007, vol. III.

[56] Idem, *Prison Notebooks*, ed. Quentin Hoare e Geoffrey Nowell Smith, Nova York: Columbia University Press, 1996, vol. I.

"o intelectual era uma parte orgânica da sociedade racionalista e Hamlet é o intelectual orgânico"[57].

O "intelectual tradicional", por sua vez, é definido por Gramsci como independente de qualquer classe social específica. Na condição de literatos, pensadores religiosos, ensaístas e poetas como Erasmo e Shakespeare, intelectuais desse tipo aparecem como indivíduos autônomos e independentes, membros de uma linhagem que não é rompida pelas lutas e agitações sociais. Nas mãos destes estava a tarefa de contrariar o "senso comum" oficial. Uma vez que para Gramsci "não há atividade humana da qual toda forma de participação intelectual possa ser excluída", resulta daí que todo mundo, de uma forma ou de outra, executa uma atividade intelectual, "participa de uma concepção particular do mundo, tem uma linha consciente de conduta moral, e portanto contribui para sustentar uma concepção do mundo ou para modificá-la, isto é, para trazer à existência novos modos de pensamento".

"É melhor 'pensar'", perguntou Gramsci, "sem ter uma consciência crítica, ou é melhor elaborar de modo consciente e crítico uma visão pessoal do mundo?" As palavras de Gramsci inadvertidamente ecoam a mais famosa pergunta de Hamlet, ainda não respondida. O verbo *"to be"* carrega em inglês um duplo significado, tornado explícito em espanhol [e em português], por exemplo: "ser", significando existir, e "estar", significando um estado momentâneo numa certa condição ou lugar. A dicotomia de Gramsci oferece a Hamlet duas possibilidades distintas: residir em sua torre-biblioteca, como um leitor para quem os limites de sua leitura coincidem com as margens de seus livros; ou levar sua leitura a campo aberto, confrontando o livro em suas mãos com o livro do mundo, como sugeriu Agostinho.

No início de um de seus cadernos de notas publicados postumamente, Franz Kafka escreveu: "Cada

[57] C. L. R. James, "Notes on Hamlet". Em *The C. L. R. James Reader*, ed. Anna Grimshaw, Oxford: Blackwell, 1992.

pessoa carrega um quarto fechado dentro de si"[58]. Esse quarto, que Demócrito e os eremitas cristãos, Montaigne e Virginia Woolf exteriorizaram, outros, como Hamlet, nunca abandonaram de fato. Aqui o mundo representava a si mesmo para contemplação particular, permitindo sua reconstrução de acordo com o prazer, a imaginação, a ambição, a paciência e a vontade do sedentário.

Na época de Shakespeare, a ainda não nomeada torre de marfim, louvada como um santuário (se bem que repleto de perigos) pelos eruditos da Idade Média, era frequentemente ridicularizada como um refúgio de covardes. Séculos mais tarde, depois de Sainte-Beuve tê-la invocado para exaltar a perícia poética que lida apenas com palavras inspiradas, a torre de marfim tornou-se de novo um alvo de escárnio, a escolha egoística da inação em vez da ação, que nem a tentativa de recuperação pelo Terceiro Reich nem tampouco o inspirado chamado de Gramsci às armas intelectuais conseguiram suplantá-la com êxito completo.

Hoje, o leitor na torre de marfim tornou-se emblemático de ainda uma outra posição. Numa época em que os valores que a nossa sociedade apresenta como desejáveis são os da velocidade e da brevidade, o lento, intenso e reflexivo processo da leitura é visto como ineficiente e antiquado. A leitura eletrônica de vários tipos não parece encorajar sessões prolongadas com um único texto, mas antes incentivar um processo de lambiscar pequenos fragmentos. O historiador das comunicações Nicholas Carr, em *The Shallows* (*Os rasos*), fala de certos estudiosos dos meios digitais que sugerem que "não deveríamos perder tempo pranteando a morte da leitura profunda – ela foi sempre superestimada", e que chegam ao ponto de julgar *Guerra e paz*

[58] Franz Kafka, "Jeder Mensch trägt ein Zimmer in sich". Em *Oxforder Octavhefte 1 & 2: Historisch-Kritische Ausgabe sämtlicher Handschriften, Drucke und Typoskripte*, ed. Roland Reuβ e Peter Staengle, Frankfurt: Stroemfeld/Roter Stern, 2006, p. 35.

e *Em busca do tempo perdido* como "demasiado longos e não tão interessantes assim". Embora não leve essas posturas muito a sério, Carr identifica tais declarações como sinais importantes da mudança que está ocorrendo na atitude da sociedade em face da realização intelectual. "As palavras deles", diz Carr,

> tornam bem mais fácil para as pessoas justificar essa mudança – convencer a si mesmas de que surfar na internet é um substituto adequado, até superior, da leitura profunda e de outras formas de pensamento sereno e atento. Ao sustentar que livros são arcaicos e dispensáveis, [esses críticos] fornecem a cobertura intelectual que permite a pessoas inteligentes resvalarem confortavelmente para o estado permanente de desatenção que define a vida *on-line*[59].

Na verdade, leva-as a fechar-se em cascas de nozes e ver-se como reis de um espaço infinito.

[59] Nicholas Carr, *The Shallows: What the Internet Is Doing to Our Brains*, Nova York: W. W. Norton, 2010.

3

A TRAÇA[1]

O LEITOR COMO INVENTOR DO MUNDO

"EU DIGO QUE ISSO É PÉSSIMO!", GRITOU HUMPTY DUMPTY, IRROMPENDO NUM SÚBITO FUROR. "VOCÊ ANDOU ESCUTANDO ATRÁS DAS PORTAS — E DAS ÁRVORES — E ENFIADA EM CHAMINÉS — CASO CONTRÁRIO NÃO TERIA COMO SABER!" "EU NÃO, PODE ACREDITAR!", DISSE ALICE MUITO BRANDAMENTE. "ESTÁ NUM LIVRO."
LEWIS CARROLL, *ALICE ATRAVÉS DO ESPELHO*, CAPÍTULO VI

---

[1] No original, *bookworm*, que tem também o sentido figurado de aficionado por livros, "rato de biblioteca". Optou-se por manter a tradução literal, "traça", pela referência ao título em inglês. [N.T.]

J. J. Grandville, *Uma traça de livro*. Em: *Vies Publiques et Privées des Animaux* (1840-2). Cortesia da Granger Collection, Nova York.

A CRIATURA FEITA DE LIVROS

PROCUREI PELA FELICIDADE EM TODA PARTE, MAS SÓ A ENCONTREI NUM CANTINHO COM UM LIVRO.
TOMÁS DE KEMPIS, *A IMITAÇÃO DE CRISTO*

Diante de uma mesa feita de livros enormes, sustentada por rolos de pergaminho no lugar dos pés, um homem encarquilhado, com grandes óculos, vira com o queixo as páginas de um livro grosso. Ele não pode usar as mãos: seu corpo está encasulado num rolo de papel impresso, equilibrado sobre um tratado aberto. Páginas enormes e uma prateleira cheia de livros cobrem a parede do fundo. Esse homem é a traça devoradora de livros, satirizado numa caricatura de 1842 do cartunista francês Jean Ignace Isidore Gérard, conhecido como Grandville. O sentido da piada é claro: eis aqui alguém literalmente feito de texto impresso, tão absorto nas palavras na página que nada mais parece existir para ele. Em seu mundo centrado no livro, a carne se transmutou em palavra.

Essa metamorfose lhe confere poderes especiais? De acordo com Grandville, não é o que parece. Tudo o que o leitor pode fazer, atado a seu estranho destino, é examinar com os olhos o livro à sua frente, página após página; está impotente quanto a todo o resto. Não tem efeito algum no mundo à sua volta; mesmo seu próprio corpo, envolto em papel, parece não estar sob seu comando.

E embora sua aparência de casulo sugira que uma borboleta talvez pudesse nascer de seu estado cativo, não há nenhuma indicação de quando esse renascimento viria a ocorrer, se é que ocorreria. Na representação de Grandville, a traça de livro parece condenada à sua sina enquanto existirem livros para serem lidos.

Embora essa caricatura do destino do leitor ilustre os aspectos negativos da torre de marfim, ela não é, felizmente, a imagem predominante do leitor em nosso mundo. Desde nossas mais antigas civilizações letradas, têm sido produzidas imagens de leitores em todas as situações concebíveis, dotadas de significados simbólicos complexos de identidade, poder e privilégio. Seja segurando nas mãos algo sagrado, perigoso, instrutivo ou divertido, seja mergulhando num tesouro de memória e aprendizado, seja escutando a voz de seus contemporâneos ou antepassados, a Palavra de Deus ou as palavras dos que morreram faz tempo, os leitores são retratados como entregues a um ato misterioso, divino. Implícitas no ato estão as capacidades do leitor: resgatar experiências, transgredir leis físicas, traduzir e reinterpretar informações, aprender fatos, deleitar-se com mentiras e julgar.

Também implícitas estão as regras pelas quais o leitor se relaciona com o escritor, estabelecendo territórios de responsabilidade e obrigação, bem como fronteiras que não devem ser transgredidas, a não ser por um ato de subversão de uma das partes. Dependendo do que se espera do texto, de sua identidade pactuada, leitor e escritor têm diferentes deveres e expectativas. De acordo com a convenção, a ficção requer um conjunto de regras, a biografia outro, e gerações de leitores e escritores têm se empenhado em romper, solapar e renovar essas preconcepções básicas.

Três séculos antes de Grandville, o erudito Nicolas de Herberay prefaciou sua tradução para o francês do primeiro volume do romance de cavalaria *Amadis de Gaula* com um soneto no qual pede aos leitores que se contentem com a história que o escritor lhes apresenta, e não investiguem sua veracidade.

> Gentil leitor, de discernimento dotado,
> Quando descobrires a refinada invenção
> Desse autor, contenta-te com o estilo
> E não perguntes se o que acontece é verdadeiro[2].

É uma invocação curiosa. O ato de alertar o leitor a não comparar com muito rigor os fatos dos livros com os fatos da realidade carrega o reconhecimento implícito da inverdade textual, transgredindo as regras pelas quais tanto o leitor como o autor concordam em encarar o romance, o primeiro ao suspender a descrença, o último ao emprestar verossimilhança à história.

O pacto que o escritor e o leitor firmam quando aquele encerra o livro e este o abre é um pacto de autoengano e mútuo fingimento, no qual são estabelecidos limites ao ceticismo desdenhoso e à confiança incondicional, definindo o que Umberto Eco chamou de "os limites da interpretação"[3]. No cerne do envolvimento de todo leitor com o texto, está à espreita um laço duplo: o desejo de que o que é contado nas páginas seja verdade, e a crença de que não o é. Nessa tensão entre os dois, os leitores instalam seu precário acampamento. Bruno Bettelheim observou há muito tempo que as crianças não acreditam no Lobo Mau ou na Chapeuzinho Vermelho como tais: acreditam em sua existência narrativa, o que, como todos sabemos, pode nos cativar mais do que muitos personagens de carne e osso[4]. Para a maioria dos leitores, porém, o

[2] "Bening lecteur, de jugement pourveu,/ Quand tu verras l'invention gentille/ De cest autheur: contente toy du stille,/ Sans t'enquerir s'il est vray, ce qu'as leu." Nicolas de Herberay, Seigneur des Essars, "Au lecteur, sonnet de Herberay". Em *Soleil du Soleil: Anthologie du sonnet français*, Paris: Gallimard, 2000.

[3] Umberto Eco, *The Limits of Interpretation*, Bloomington: Indiana University Press, 1990.

[4] Cf. Bruno Bettelheim, *The Uses of Enchantment: The Meaning and Importance of Fairy Tales*, Nova York: Vintage, 1989.

Sebastian Brant, *O Louco dos Livros*. Em: *The Ship of Fooles: Wherein is Shewed the Folly of all States*, trad. Alexander Barclay Priest (Londres: Iohn Cavvood, 1570). Cortesia da Biblioteca de Livros Raros e Manuscritos da Universidade da Pensilvânia.

envolvimento com um texto não vai além do devaneio intenso ou da autossugestão.

E, no entanto, há leitores para os quais o mundo na página adquire tamanha vivacidade, tamanha verdade, que suplanta o mundo dos sentidos racionais. Excluindo os casos clínicos, todo leitor já sentiu, ao menos uma vez, o poder avassalador de uma criatura de palavras, apaixonando-se por certo personagem, detestando visceralmente outro, tendo a esperança de emular um terceiro. Santo Agostinho nos conta que, em sua juventude, chorou pela morte de Dido. Os vizinhos de Robert Louis Stevenson em Samoa imploraram para que ele lhes mostrasse a garrafa que guardava o diabo. E ainda hoje os Correios de Londres recebem cartas endereçadas ao Sr. Sherlock Holmes no número 221B da Baker Street.

Com tais arrebatamentos em mente, leitores têm sido frequentemente retratados como presas desses seres imaginários, como vítimas de acontecimentos irreais, como devoradores de livros que são, na verdade, eles mesmos devorados por monstros literários. Visto da perspectiva dos que não leem ou não dão muita importância aos livros, o envolvimento apaixonado com a página impressa parece vazio e insalubre, resultando, como no cartum de Grandville, numa criatura não de carne e osso, mas de papel e tinta. Todo leitor, passado e presente, já ouviu pelo menos uma vez a repreenda: "Chega de tanto ler! Feche esse livro e vá viver!" – como se ler e viver fossem dois estados diferentes do ser, como se o admoestador temesse que o leitor talvez não soubesse mais a diferença do que é "carne sólida" e do que não é. O Louco dos Livros, uma figura que aparece pela primeira vez como tal no século XVI, em *A nau dos insensatos*, de Sebastian Brant, é a encarnação dessa repreensão onipresente. Seja folheando seus livros com um chapéu com guizos de bufão (como na ilustração de Albrecht Dürer para o livro de Brant), seja sob o aspecto de um

Um asno professor. Em: Paul Olearius [Jakob Wimpfeling],
De fide concubinarum in sacerdotes (1505).

asno estudioso (como na sátira de Olearius, *De fide concubinarum in sacerdotes*, de 1505), seja como um bibliotecário ocupado unicamente com a poeira acumulada nos livros (em *Cem loucos distintos*, de 1709, de Abraão de Santa Clara), o Louco dos Livros tornou-se um ícone estabelecido do mundo literário.

O Louco dos Livros é, entre outras coisas, o leitor onívoro que confunde acúmulo de livros com aquisição de conhecimento, e que termina convencido de que os eventos narrados entre uma capa e outra são os eventos do mundo real. Ele ou ela: nisso os humanistas estavam dispostos a incluir ambos os sexos. Erasmo, em seu *Elogio da loucura*, tirando sua deixa do Livro dos Provérbios, descreveu o Louco dos Livros como uma mulher. "Se acontecer de uma mulher desejar parecer sábia, só o que conseguirá é tornar-se duas vezes mais tola", escreveu Erasmo. "Pois um vício é duplicado quando se disfarça de virtude, indo contra a natureza e todas as tendências inatas... Uma mulher é sempre uma mulher: isto é, uma tola."[5]

Os Loucos dos Livros são as mulheres e os homens que "amam todas as palavras devoradoras" (como define o salmo) e devoram por sua vez volume após volume, mas são (de novo, de acordo com o salmo) "como uma vasilha quebrada" porque não são capazes de reter a instrução. Na maioria das culturas da palavra escrita, eles vêm sendo comparados àquelas pequenas e vorazes criaturas que, desde antes dos tempos de Alexandria, têm sido os predadores de bibliotecas: em espanhol, camundongos; em alemão e em francês, ratos; em inglês, brocas, larvas do *Anobium pertinax*. A verdadeira traça de livro foi descrita pela primeira vez em 1665 por Richard Hooke, que comparou sua forma voraz e alongada a "um dos dentes do Tempo"[6].

[5] Desidério Erasmo, *Praise of Folly*.

[6] William Blades, *The Enemies of Books*, Londres: Elliot Stock, 1888, 2ª ed. Blades observa que "Hooke está evidentemente descrevendo a 'Lepisma'". Entre as traças comedoras de livros, Blade lista não apenas diversas variedades de *Anobium*, mas também a *Oecophora pseudospretella*, com antenas na cabeça e mandíbula vigorosa.

Johann Christoph Weigel, *Louco dos Livros*. Em: Abraão de Santa Clara, *Centi-folium stultorum* (Nuremberg: Weigel, 1709).

Uma quadrinha enigmática anglo-saxã do século IX descreve os hábitos da criatura:

> Um verme comeu o poema de um homem, um ladrão
> No escuro consumiu o poderoso ensinamento
> Junto com seus sólidos princípios. O ladrão não ficou
> Nem um tiquinho mais sabido ao comer tais palavras[7].

Provavelmente uma imitação de um poema latino anterior, a quadrinha anglo-saxã torna explícita a culpa voraz do leitor: engolir as palavras sem se beneficiar do significado delas, traduzindo o texto não para a experiência fundamentada, mas para a autoilusão. A traça de livro, a despeito de todos os livros devorados, permanece estúpida.

Sem dúvida, por trás dessa representação há uma inquietude profunda e sombria: a desconfiança que as sociedades sempre tiveram, perante o que pode ser criado com palavras, uma desconfiança do próprio ato intelectual. Essa desconfiança, esse temor supersticioso, nasce talvez do fato de que em numerosas mitologias o mundo é criado mediante uma enunciação, de modo que as palavras (ou a Palavra) dão origem ao universo e a tudo o que há nele. O temor à palavra pode portanto ser compreendido como o temor ao poder mágico das palavras, e é tentador ver na maioria das censuras textuais, nas queimas de livros, no escárnio dirigido ao ofício da leitura, uma tentativa exorcizante de derrotar a suposta feitiçaria da própria linguagem.

Pode ser que uma sociedade, definindo-se por meio da construção de muros, nutra ao mesmo tempo a suspeita de que no interior desses muros vá nascer alguma coisa que contestará sua definição, que buscará alterar sua identidade. E embora nossas sociedades

[7] *A Choice of Anglo-Saxon Verse*, trad. Richard Hamer, Londres: Faber and Faber, 1970, pp. 106-7.

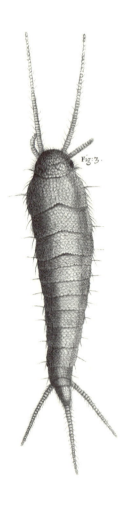

Robert Hooke, *Uma traça de livro*. Em: *Micrographia, ou Some Physiological Descriptions of Minute Bodies Made by Magnifying Glasses: with Observations and Inquiries Thereupon* [Micrografia, ou Algumas descrições fisiológicas de corpos minúsculos feitas por meio de lentes de aumento: com observações e investigações correspondentes] (Londres: Jo. Martyn and Ja. Allestry, 1665). Cortesia da Biblioteca de Livros Raros e Manuscritos da Universidade da Pensilvânia.

se desenvolvam no intercâmbio entre o que excluímos e o que incluímos, somos mais cautelosos quanto à força crítica e inventiva da linguagem do que orgulhosos de seu poder de preservação. Consequentemente, tentamos restringir ou ridicularizar seus esforços imaginativos.

Exemplar nesse sentido é a primeira cena de *O vermelho e o negro*, de Stendhal. O pai de Julian, ao ver o filho lendo em vez de cuidar da serraria, arranca o livro das mãos do rapaz e o atira no rio. Cenas similares se repetem numa porção de romances e biografias, da vida de Jean Racine a *Matilda*, de Roald Dahl, e tornaram-se emblemáticas da atitude da sociedade em relação ao leitor. Desde os tempos dos escribas mesopotâmicos e egípcios, o ofício do leitor foi suspeito de ser magicamente perigoso. Anacronicamente, poderíamos perguntar se existe uma sátira implícita do Louco dos Livros na representação egípcia do deus dos escribas como um babuíno.

No final da Idade Média e no Renascimento, a identidade do Louco dos Livros foi criada para escarnecer e solapar certos aspectos do poder do leitor. Seus traços eram exagerados, sua atitude, ridicularizada, de modo a associá-lo, não com o louco sábio, não com o "Louco de Cristo" descrito por São Paulo em sua primeira carta aos coríntios[8], mas sim com o "beberrão" das histórias e peças populares, o bronco, o ignorante que, como a traça, devora livros mas permanece estúpido.

A distinção entre o leitor sério, erudito, e o mero devorador de livros é crucial. Já no século VI, Boécio, em sua *A consolação da filosofia*, fez uma clara distinção entre o Louco dos Livros e o leitor sério. Quando a Dama Filosofia aparece numa visão, quando ele está doente e desalentado em sua cela de prisão, ela insiste

[8] 1 Coríntios, 3, 18-9. "18: Ninguém se engane a si mesmo; se alguém dentre vós se tem por sábio segundo este mundo, faça-se insensato para ser sábio. 19: Porque a sabedoria deste mundo é loucura diante de Deus."

em que as Musas da Poesia que até então o inspiravam (e a quem ela chama de "*scenicas meretriculas*", meretrizes do teatro, ou, na tradução livre de David R. Slavitt, "dançarinas de palco"[9]) devem partir imediatamente, já que nada têm a oferecer a uma mente estudiosa.

> Agora, se fosse algum homem comum que vossos encantos estivessem seduzindo, como costumais fazer, eu estaria menos indignada. Com alguém assim eu não gastaria minhas aflições por nada. Mas este é um que se nutriu nas filosofias eleata e acadêmica. Não, retirai-vos já, sereias, cuja doçura não dura; deixai-o para que minhas musas cuidem dele e o curem![10]

As Musas da Poesia (ou as Musas do Reino do *Best-Seller*, poderíamos dizer hoje) empanturram o leitor tosco com tolices; as Musas da Filosofia nutrem o leitor inspirado com alimento que cura a alma. Essas duas noções opostas de como ingerimos um texto derivam, como vimos, do Livro de Ezequiel[11] e do Apocalipse. Quando São João recebe a ordem "Toma-o e devora-o", ele nos diz que "na minha boca era doce como o mel, mas depois que o devorei meu ventre ficou amargurado"[12]. Por ter comido o Livro Sagrado, São João precisa agora ir além do gosto delicioso de sua leitura; precisa tirar proveito do amargo aprendizado do texto e lançar-se a "profetizar de novo diante de muitos povos, nações, línguas e reis". Como bem sabem os leitores sagazes, devorar o livro acaba levando a pronunciar o livro.

No devido tempo, a distinção entre o leitor glutão e o leitor reflexivo, ambos obedientes "comedores" de palavras, tornou-se imprecisa, e a representação do Louco dos Livros, com sua falta de discernimento, acabou

9 Boécio, *The Consolation of Philosophy*, trad. David R. Slavitt, Cambridge: Harvard University Press, 2008.

10 Idem, *The Consolation of Philosophy*, trad. H. R. James, Londres: Elliot Stock, 1897.

11 Ezequiel, 2, 9-10.

12 Apocalipse, 10, 9-11.

ofuscando a do seu contraponto sensato e passando a valer para qualquer leitor. Ainda que Sebastian Brant e seus colegas humanistas compreendessem e insistissem nas diferenças entre a ingestão cuidadosa e a devoração indiscriminada, entre a leitura em profundidade e a leitura superficial, a poderosa imagem que servia como frontispício a *A nau dos insensatos* impôs-se quase em toda parte.

Ainda hoje, óculos são o emblema do intelectual cabeça de ovo, do ser assexuado. Os versinhos de Dorothy Parker ainda estão enraizados na imaginação popular:

> Homens raramente passam cantadas
> Em garotas de óculos ornadas.

Marilyn Monroe ecoou isso em *Como agarrar um milionário*, no qual, com o intuito de encontrar um marido, ela se recusava a usar óculos. Ou, na versão masculina, Tony Curtis, em *Quanto mais quente melhor*, que colocou óculos justamente para que Marilyn acreditasse que ele não tinha nenhum impulso sexual – o próprio Louco dos Livros.

Por fim, o Louco dos Livros acabou adquirindo todas as conotações negativas que a sociedade projetava no leitor: uma criatura perdida numa selva de palavras, sem conexão com a realidade cotidiana, vivendo num mundo de faz de conta que não tem qualquer serventia prática para seus concidadãos. "Por que ler *A princesa de Clèves?*", perguntou em 2009 o presidente da França, Nicolas Sarkozy, ao descobrir que funcionários públicos precisavam estudar esse clássico romance do século XVII para seus exames de admissão[13].

O que ele quis dizer era: como pode a leitura de ficção ajudar um servidor da República, alguém incumbido de lidar com fatos e números e a realidade séria da política? Hélène Cixous perguntou sensatamente:

[13] Cf. Virginie Poels, "Sarkozy et la Princesse de Clèves". Em *Marianne2*, Paris: 17 fev. 2009.

Por que essa fúria contra a língua e a literatura francesas? Esse ressentimento? Esse furor? Porque ali está um mundo em que ele não pode aplicar o velho truque da lei do mais forte. Ele não sabe como seduzir o pensamento, como subjugá-lo, dominá-lo, fazê-lo rastejar[14].

Esse é o ressentimento de muitos dos que detêm o poder, dos que opõem as forças políticas e econômicas à atividade intelectual e descobrem que não têm como eliminar a capacidade humana de imaginar o mundo por meio da linguagem. Por essa mesma razão, Platão baniria os poetas de sua República ideal: pelo fato de inventarem coisas com o intuito de compreender o mundo, os poetas lidam com imagens da realidade, não com a incompreensível realidade em si.

Essas qualidades negativas associadas ao leitor como Louco dos Livros estenderam-se ao próprio livro. No início da Idade Média, o livro, enquanto objeto, podia suscitar reverência e até mesmo temor. Ele aparece entronizado como a Palavra de Deus em numerosas representações: tanto na condição de rolo, o *rotulus* ou *volumen*, representando as leis do Velho Testamento, como na condição de códice, representando as leis do Novo. Gradualmente, as noções de velho e novo, aplicadas aos suportes físicos do texto, adquiriram conotações de valor. Contaminadas talvez por uma falsa etimologia, *rotulus* e *volumen* tornaram-se palavras pejorativas. *Rotulus* passou a evocar não apenas o que era velho, mas também o que era "enganoso", "enrolado em si mesmo", "encaracolado como um verme" (como na representação de Grandville)[15]. E *volumen* foi erroneamente associado com

[14] Hélène Cixous, "Nicolas Sarkozy, the Murderer of the Princesse de Clèves". In *The Guardian*, Londres: 23 mar. 2011.

[15] Michel Pastoureau, "La Symbolique médiévale du livre". In *La Symbolique du livre dans l'art occidental du haut Moyen Age à Rembrandt*, Bordeaux: Société des Bibliophiles de Guyenne / Paris: Institut d'étude du livre, 1995.

vulpes ou *volpes*, a raposa, que os bestiários medievais explicavam que era chamada de *volpes* porque andava "com as patas voltadas para trás", "*volvere pedibus*", um sinal inequívoco de uma natureza traiçoeira[16].

O códice, entretanto, dependendo se era representado aberto ou fechado (e de que maneira aberto ou fechado), podia portar um valor positivo ou negativo. Por exemplo, o leão de São Marcos, a fera onipresente escolhida como emblema de Veneza, era representado, das últimas décadas do século XIII em diante, ou como um emblema positivo, com um livro aberto exibindo as palavras com que o anjo anunciou ao evangelista que Veneza seria seu derradeiro local de repouso, ou como um emblema negativo, com um livro fechado para indicar um tempo de guerra ou peste. As variações em torno desses símbolos são inúmeras. O livro aberto exibido pelo leão em épocas de paz e prosperidade sugeria que ler era uma atividade de tempo livre, uma ocupação apropriada e sábia, parte do *otium* culto (a melancolia intelectual de Hamlet), em oposição aos negócios de estado. Ou podia ser visto como um alerta, lembrando os leitores de que a Palavra de Deus, como seu olho, está sempre vigiando, ameaçando revogar o momento presente de bem-aventurança. Durante as épocas más, o livro fechado poderia significar que, uma vez que a bem-aventurança fora revogada, não mais se oferecia consolo. Agora era tarde demais para ler, estudar, aprender. A comunidade de leitores deveria ter agido melhor com base em sua sabedoria adquirida, deveria ter descido de suas respectivas torres e instruído os iletrados a agir harmoniosamente. *A guerra não é tempo para os livros*, o leão e seu volume fechado pareciam dizer. *Voltaremos à sanidade das palavras quando a loucura terminar.*

16 Cf., por exemplo, o Bestiário de Pierre de Beauvais (século XIII). In *Bestiaires du Moyen Age, mis en français moderne et présentés par Gabriel Bianciotto*, Paris: Stock, 1980.

Francisco de Goya, *Dom Quixote* (c. 1812-20). British Museum.
Cortesia Alinari / Art Resource, Nova York.

O LEITOR ENFEITIÇADO

> TOME, SENHOR LICENCIADO, ESPARJA [ÁGUA BENTA] EM CADA CANTO DESTE APOSENTO, PARA QUE NÃO RESTE AQUI NENHUM FEITICEIRO DOS MUITOS QUE HÁ NESSES LIVROS E QUE POSSAM NOS ENFEITIÇAR.
> **MIGUEL DE CERVANTES,** *DOM QUIXOTE*, I:6

Como o leão veneziano preso entre o prestígio do poder intelectual e o escárnio pela ineficiência das palavras, o leitor viu-se atado por uma amarra dupla. O amante dos livros tornou-se o Louco dos Livros, e o devorador de livros converteu-se na traça de livros, ambas paródias do leitor arrebatado.

Em resumo, ele ficou tão imerso em seus livros que passava a noite lendo, do anoitecer à alvorada, e os dias, da alvorada ao anoitecer, até que, por dormir de menos e ler demais, seu cérebro se ressecou e ele acabou perdendo o juízo.

É assim que, em 1605, Cervantes definiu o Louco dos Livros que conhecemos como Dom Quixote. E, no entanto, quando Cervantes retratou seu bravo cavaleiro, não estava propriamente definindo o leitor enlouquecido por seus livros. Em vez disso, Cervantes estava definindo uma sociedade loucamente temerosa de suas próprias inverdades. Sem dúvida, como nos é dito no capítulo de abertura, Alonso Quijano acredita na realidade factual das histórias que lê. Mas então, ao longo do romance, fica claro que a visão de mundo de Dom Quixote é algo mais complexo que a mera ilusão. Em várias ocasiões, quando está a ponto de se deixar arrebatar pela fantasia urdida por suas leituras, Dom Quixote, com lúcida intuição, supera o hiato entre o que é real no mundo e o que é real em sua imaginação. Muitas vezes ele permite que a fantasia o subjugue, como na famosa cena dos moinhos de vento, e sofre as consequências em seus ossos combalidos. Mas outras vezes ele entra na fantasia conscientemente, como um leitor que sabe que a história é ficção e no entanto acredita em sua verdade revelada, como quando Dom Quixote proíbe Sancho de espiar por baixo da venda nos olhos para ver se o cavalo de madeira está ou não transportando-os pelos céus; ou quando o cavaleiro apaixonado se recusa a mostrar aos tropeiros um retrato de Dulcineia como prova de que ela é a mulher mais linda da Terra, "de que serviria jurar, se a pessoa precisa de uma prova real".

Em contraponto, também não é assim tão firme o apego ao mundo "real" por parte daqueles que julgam que o cavaleiro está louco. O pároco e o barbeiro, que vasculham a biblioteca de Dom Quixote com o intuito de livrá-la de títulos "perniciosos", preservam das chamas, no entanto, um bom número de volumes que acreditam ser importantes (para eles próprios) como entretenimento e como meio de conhecimento. O estalajadeiro que realiza leituras públicas de romances de cavalaria conta que para cada um dos ouvintes – ceifeiros, agricultores, prostitutas, jovens – a história adquire um significado pessoal e proporciona um deleite particular, ajudando-os a aguentar as durezas e dissabores da vida diária. E os aristocratas que zombam do coitado do velho cavaleiro e fazem piadas cruéis a seu respeito vivem num mundo no qual transformam suas fantasias em realidades e seus caprichos numa paródia de justiça. Esse jogo entre o mundo imaginário explícito do protagonista e o mundo inconsciente daqueles à sua volta situa o leitor de *Dom Quixote* indecisamente entre os dois, como uma das criaturas solitárias que encontram em livros a experiência da realidade, e também como um membro da sociedade que caçoa da leitura e que deseja impor suas próprias concepções do que é valioso ou não coletivamente.

Na sétima (e talvez apócrifa) carta de Platão, o filósofo declara que há certas verdades que não podem ser escritas. E mesmo que possam ser escritas, não poderão ser aprendidas mediante a mera leitura da página: precisam ser descobertas pelos próprios leitores depois de muita labuta e experiência, quando subitamente o conhecimento irrompe como uma centelha na alma, permitindo que ela alimente a si mesma[17]. Esse argumento, repetido ao longo dos séculos, sugere que a leitura não pode nos ensinar as coisas mais verdadeiras e profundas, e que pretender suplantar a vida com a leitura é uma insensatez.

No entanto, escrever palavras que descrevem a experiência tem um prestígio muito maior do que o aprendizado intuitivo. No início do século XIV, o rabi Sem Tob de Carrión, em seus *Provérbios morais*, anotou o que era na época um lugar-comum:

> A palavra pronunciada/ é logo esquecida,
> Mas a escrita permanece/ para sempre preservada.
> E os argumentos não/ registrados em palavras
> São como flechas/ que não atingem seu alvo[18].

Apesar da advertência de Platão, a escrita (e portanto a leitura) tornou-se um meio de instrução e conhecimento. Mesmo que o leitor soubesse que as histórias eram inventadas e que os personagens viviam apenas

[17] Platão, "Carta séptima". In *Protágoras, Gorgias, Carta séptima*, trad. Javier Martínez García, Madri: Alizana, 1998, p. 285.

[18] Sem Tob de Carrión, *Proverbos morales*, ed. I. Gonzáles Llubera, Cambridge: Cambridge University Press, 1947, versos 460-4.

na imaginação de seu autor, essa matéria feita de sonhos agia sobre as mentes dos leitores como modelos do mundo em que ainda tentamos sobreviver.

Como mostra a experiência manifesta, a debilidade da memória, destinando ao oblívio não apenas os feitos envelhecidos pelo tempo, mas também os eventos acontecidos em nossa própria era, tornou apropriado, útil e oportuno registrar por escrito as façanhas de homens fortes e corajosos de outrora. Tais homens são os mais límpidos espelhos, exemplos e fontes de ensinamentos virtuosos, como nos disse o nobre orador Cícero[19].

Assim começa *Tirant lo Blanc* [Tirante o Branco], o romance de cavalaria que o barbeiro e o pároco, decididos a queimar a biblioteca de Dom Quixote, resolvem salvar da fogueira como "o melhor livro do mundo em seu gênero"[20]. Mesmo dentro de uma história que parece condenar a leitura de tais livros como sandice, é afirmado que alguns desses livros nos levam ao contrário da sandice, e nos proporcionam "espelhos, exemplos e fontes" de retidão e conduta nobre.

[19] Joannot Martorell e Martí Joan de Galba, *Tirant lo Blanc* (*1490*), trad. David H. Rosenthal, Nova York: Schocken Books, 1984, prólogo, versos 460-4.

[20] Miguel de Cervantes, *Don Quijote de la Mancha*, ed. Celina S. de Cortázar e Isaías Lerner, Buenos Aires: Editorial Universitaria de Buenos Aires, 1969, vol. I, cap. 4, p. 49.

CONCLUSÃO

Bernard Naudin, *Bouvard e Pécuchet*. Em: *Oeuvres complètes illustrées de Gustave Flaubert* (Paris: Librairie de France, 1923).

LER PARA VIVER

DIZEM QUE O IMPORTANTE É A VIDA, MAS EU PREFIRO LER.
LOGAN PEARSALL SMITH, *AFTERTHOUGHTS*
[REFLEXÕES TARDIAS]

Dois séculos e meio depois da publicação da primeira parte de *Dom Quixote*, Gustave Flaubert buscava perscrutar o leitor como mediador entre a percepção da ficção e a percepção da realidade. O leitor como viajante, o leitor na torre de marfim, o leitor como devorador de livros, todos aparecem nas obras de Flaubert desde seus primeiros escritos. O leitor como aprendiz da vida está no cerne de todos os livros de Flaubert.

Flaubert considerava-se um leitor-viajante, e os livros que lia, uma cartografia que o ajudava a explorar o mundo da experiência. "Leia para viver!"[1] é seu famoso conselho a sua amiga, Mademoiselle de Chantepie. Seu último livro, *Bouvard e Pécuchet*, retrata dois tolos livrescos que acreditam que lendo tudo adquirirão, como viajantes da página impressa, conhecimento pleno do mundo. Mas o romance, deixado inacabado quando o escritor morreu, não chega a uma conclusão: não há última página nem para o

[1] Gustave Flaubert, "Carta a Mlle. Leroyer de Chantepie, 6 de junho de 1857". In *Correspondance*, ed. Bernard Masson, Paris: Gallimard, 1979, p. 343. Flaubert está aconselhando sua amiga a ler Montaigne, mas acredito que o conselho é válido num sentido muito mais geral.

empenho de Bouvard e Pécuchet nem para a crônica de seus esforços redigida por Flaubert. Ao contrário das viagens de Dante, que terminam no inefável, a jornada dos dois loucos dos livros de Flaubert nunca chega à linha final dos incontáveis livros que eles poderiam ler, e portanto nunca atinge a revelação dantesca que não pode ser expressa em palavras. A jornada deles é, por assim dizer, a versão terra a terra da peregrinação sobrenatural de Dante, uma tentativa heroica de fazer o aparentemente impossível, sabendo que é impossível e que deve fracassar.

E, no entanto, a despeito de tais fracassos heroicos, Flaubert acreditava que os livros proporcionavam a um leitor (o leitor sensato, não o Louco dos Livros) um santuário salutar para o pensamento. Retrucando Hamlet, Flaubert definia a torre de marfim como um refúgio contra a imbecilidade do mundo, um lugar onde um leitor pode estar em paz com a inteligência de seus livros ainda que estes sejam feitos de "palavras, palavras, palavras". Em outra carta à Mademoiselle de Chantepie, datada de terça-feira, 23 de janeiro de 1866, Flaubert se compadece dela por ter de suportar o "fanatismo e a estupidez" da província (Mademoiselle de Chantepie vivia então em Angers): "Quando as pessoas não acreditarem mais na Imaculada Conceição, acreditarão em tabuleiros ouija[2]. É preciso se consolar disso e ir viver numa torre de marfim. Não é divertido, eu sei, mas se o sujeito seguir esse método não será nem um tolo crédulo nem um charlatão"[3]. Essa é a opinião irônica de Flaubert sobre a *beatus ille* de Horácio, o clássico elogio dos que se retiram do

[2] Tabuleiro (ou tábua) ouija, *ouija board* no original em inglês: superfície plana com letras, números e outros símbolos, sobre a qual se coloca um objeto que, supostamente, move-se pelo tabuleiro para propiciar a comunicação com espíritos. [N.T.]

[3] "*Quand le peuple ne croira plus à l'Immaculée Conception, il croira aux tables tournantes. Il faut se consoler de cela et vivre dans une tour d'ivoire. Ce n'est pas gai, je le sais; mais avec cette méthode, on n'est ni dupe ni charlatan.*" Em *Correspondance*.

tropel da vida urbana para a paz reflexiva do campo. Para Flaubert, tanto a metrópole como o campo estavam contaminados, a primeira pelo convencionalismo burguês, o segundo pela idiotice caipira. A torre de marfim era o único refúgio para uma pessoa sã que buscasse escapar da estupidez do mundo. Bouvard e Pécuchet nunca encontraram de fato sua torre de marfim.

Bouvard e Pécuchet foi a última obra de Flaubert; o conto "O bibliômano" foi a primeira, publicada em 1837, quando o escritor tinha dezesseis anos. Ele fala de um livreiro e antiquário tão apaixonado por colecionar livros que será capaz de cometer assassinato para obter um. "Ele amava um livro simplesmente por ser um livro", diz Flaubert a seu respeito. "Amava seu cheiro, seu formato, seu título." Ao que Flaubert acrescentou: "Ele mal sabia ler"[4]. O bibliomaníaco obsessivo é uma das encarnações mais fatais do rato de biblioteca que acumula livros sem viajar por eles, sem os ler em reclusão estudiosa, sem os tornar realmente seus. Ele é o açambarcador de símbolos mortos, sem disposição ou capacidade para insuflar vida ao livro, já que é o sopro do leitor (sua leitura encarnada, como sustentou Santo Agostinho) que dá vida ao livro.

No mesmo ano em que publicou "O bibliômano", Flaubert escreveu outra história, "Paixão e virtude", "um conto filosófico" (como ele o definiu) cujo enredo encontrara no relatório dos tribunais de justiça referente ao adultério e consequente suicídio da esposa de um funcionário da

[4] Gustave Flaubert, "Le Bibliomane": *"Il aimait un livre, parce que c'était un livre; il aimait son odeur, sa forme, son titre. Ce qu'il aimait dans un manuscrit, c'était sa vieille date illisible, les lettres gothiques, bizarres et étranges, les lourdes dorures qui chargeaient les dessins; c'étaient ces pages couvertes de poussière, poussière dont il aspirait avec délice le parfum suave et tendre. C'était ce joli mot finis, entouré de deux amours, portés sur un ruban, s'appuyant sur une fontaine, gravé sur une tombe, ou reposant dans une corbeille, entre les roses et les pommes d'or et les bouquets bleus. // Cette passion l'avait absorbé tout entier: il mangeait à peine, il ne dormait plus; mais il rêvait des jours et des nuits entières à son idée fixe, les livres. Il rêvait à tout ce que devait avoir de divin, de sublime et de beau, une bibliothèque royale, et il rêvait à s'en faire une aussi grande que celle d'un roi. Comme il respirait à son aise, comme il* était →

→ *fier et puissant lorsqu'il plongeait sa vue dans les immenses galeries où son oeil se perdait dans les livres! Il levait la tête, des livres – il l'abaissait, des livres – à droite, à gauche, encore des livres. // Il savait à peine lire."*

5 Gustave Flaubert, "Carta a Louise Colet, sábado, 12 de junho de 1852" (19 de junho na edição da Pléiade): *"Je retrouve toutes mes origines dans le livre que je savais par coeur avant de savoir lire,* Don Quichotte, *et il y a de plus, par dessus, l'écume agitée des mers normandes, la maladie anglaise, le brouillard puant"*. Em *Correspondance*.

6 Gustave Flaubert, "Carta a Louise Colet, 22 de novembro de 1852": *"Ce qu'il y a de prodigieux dans Don Quichotte, c'est l'abscence d'art et cette perpétuelle fusion de l'illusion et de la réalité qui en fait un livre si comique et si poétique. Quels nains que tous les autres à côté! Comme on se sent petit, mon Dieu! comme on se sent petit!"*. Em *Correspondance*.

saúde. Nesse conto adolescente, a heroína não é explicitamente uma devoradora de livros, e no entanto o mundo da ficção romântica está claramente presente em seus sonhos, suas conversas, suas ideias de como o amor deveria ou não deveria ser. Anos depois, a esposa do funcionário da saúde seria reencarnada numa versão mais clara da traça de livro, a romanticamente obcecada Emma Bovary.

O três Bs livrescos de Flaubert (o bibliomaníaco, Bouvard e Bovary) são todos Loucos dos Livros com um ancestral comum. Escrevendo à sua amante Louise Colet, em 12 de junho de 1852, quase dez meses depois de ter iniciado *Madame Bovary*, Flaubert confessou a ela que todas as suas raízes seriam encontradas "no livro que eu conhecia de cor antes de saber ler, *Dom Quixote*" (recoberto, acrescentou, "pela espuma agitada dos mares da Normandia, pela doença inglesa [epilepsia] e pela névoa malcheirosa")[5]. *Dom Quixote* forneceria a Flaubert o inquieto modelo de uma ficção na qual a "arte" – significando "o que é artificial ou estiloso" – parecia-lhe felizmente ausente[6]. Porque mesmo em obras aparentemente "artificiais", como *As tentações de Santo Antão* e *Salammbô*, a ausência de artificialidade era crucial para Flaubert. Às dez horas da manhã, em 4 de maio de 1880, numa carta endereçada a Guy de Maupassant, Flaubert escreveu: "A importância atribuída às tolices e ao pedantismo da futilidade me exaspera! *Bafouns le chic!* (Debochemos do chique!)"[7]. Essas foram as últimas palavras redigidas por Flaubert. Quatro dias depois de escrevê-las, ele morreu.

Em *Madame Bovary*, o pretensioso farmacêutico Homais é atraído por essa futilidade que Flaubert ridicularizava. "O que o seduzia acima de tudo era o chique."[8] O chique – o estiloso, não o estilo propriamente dito. E é também esse chique, esse estiloso, que seduz Emma como leitora, e que ela confunde com elegância. O que Emma encontra em seus livros românticos é um contraponto ao tédio, ao vazio, à monotonia de sua vida com Charles Bovary – não importa o quanto os livros sejam mal escritos, não importa quão artificial seja a linguagem usada. São as aventuras passionais chiques que importam para ela, porque, diferentemente de Dom Quixote, que consegue (quando necessário) distinguir o que é real e o que é ficção, Emma, ao ler seus livros, transfere seus enredos românticos diretamente para o mundo de seus próprios desejos.

Os livros iniciais de Emma são volumes pequenos, de capas espalhafatosas, recebidos como prêmios escolares, que ela mostra orgulhosamente a Charles em seus primeiros encontros. Mais tarde vêm os romances em que ela encontrará versões melhoradas de seu caso com o visconde: ela lê livros de Eugène Sue, Balzac, George Sand,

> buscando ali satisfações imaginárias para seus anseios pessoais... A lembrança do visconde retornava sempre em suas leituras. Entre ele e os personagens imaginários ela estabelecia relações. Mas o círculo do qual ele era o centro tornou-se gradualmente mais amplo, e o halo que ele possuía, irradiando-se de sua imagem, estendia-se para longe, iluminando outros sonhos[9].

[7] Gustave Flaubert, "Carta a Guy de Maupassant, Croiset, 4 de maio de 1880": "*L'importance attachée à des niaiseries, le pédantisme de la futilité m'exaspèrent! Bafouns le chic!*". Em *Correspondance*.

[8] Gustave Flaubert, *Madame Bovary*: "*Ce qui le séduisait par-dessus tout, c'était le chic*".

[9] *Ibidem*, cap. 9: "*Elle lut Balzac et George Sand, y cherchant des assouvissements imaginaires pour ses convoitises personnelles*".

"Satisfações imaginárias para seus anseios pessoais": as leituras de Emma tingem todo o seu mundo. São sua história, sua geografia, seu espelho espiritual. Ela está tão enredada num mundo ficcional que chega a levar seus livros para a mesa de jantar, virando as páginas enquanto o marido tenta conversar com ela e lhe contar histórias de seu dia de trabalho. Emma responde a essas tentativas com cenas apaixonadas de seus romances. Por ela ter se transformado numa emblemática traça de livros, os livros são agora seu alimento, a matéria com a qual seu mundo é construído.

A. S. Byatt, relembrando seu primeiro encontro com *Madame Bovary*, observou que o que torna impossível a Emma "habitar sua casa ou seu casamento é sua percepção romântica de que há algo mais, alguma experiência mais intensa, algum horizonte mais amplo, se ao menos ela pudesse encontrá-lo. Seus desejos são formados por suas leituras e sua educação"[10]. Quando a realidade não corresponde à sua ficção, Emma culpa seus livros. "Eu li tudo", diz ela, antecipando Mallarmé. No final, Emma tentará o suicídio porque a vida é tétrica e os livros já não oferecem mais consolo. Tendo servido de forragem para seus sonhos em vez de alimento apropriado para a alma, os livros agora não são capazes de lhe proporcionar nem estímulo nem consolo. Para Emma, tanto na página como no mundo, não há, no final, nenhum "horizonte mais amplo". Como a traça da quadrinha anglo-saxã, ela não se beneficiou de fato dos livros que devorou.

Depois de Cervantes, os leitores na ficção (isto é, personagens ficcionais que são tanto o sujeito como o objeto de um romance) tornam-se literalmente mais conscientes da gastronomia da leitura. De Arabella, na ligeiramente tola fantasia cômica do século XVIII *The Female Quixote* [O Quixote feminino], de Charlotte Lennox, em que a heroína obriga o mundo à sua volta a espelhar os

[10] A. S. Byatt, "Scenes from a Provincial Life". Em *The Guardian*, Londres: 27 jul. 2002.

romances românticos que a deliciam, "supondo que os romances são retratos fiéis da realidade"[11], até a Anna Karenina de Tolstói, para quem a leitura é um sarcástico lembrete da vida não vivida, a ficção torna explícito seu papel exemplar.

Depois de seu encontro com Vronsky em Moscou, Anna Karenina retorna a São Petersburgo. No trem ela apanha um livro e um corta-papel e põe-se a ler.

> Anna lia e compreendia, mas era-lhe desagradável ler, isto é, seguir o reflexo das vidas de outras pessoas. Desejava muito, ela mesma, viver. Ao ler sobre a heroína que cuidava de um homem doente, ela queria caminhar com passos inaudíveis pelo quarto do paciente; ao ler sobre um membro do Parlamento fazendo um pronunciamento, ela própria queria fazer tal discurso; ao ler sobre como lady Mary caçava com cães, provocando a cunhada e surpreendendo todo mundo com sua coragem, ela queria fazer o mesmo. Mas não havia nada a fazer, e assim, apalpando o corta-papel com suas mãozinhas, ela se forçava a ler.[12]

Emma Bovary devora livros e imagina que as vidas ficcionais são dela própria, que ela é uma heroína de Balzac ou Sue. Dom Quixote devora livros e molda seu comportamento de acordo com certos códigos ficcionais que julga justos e apropriados, embora saiba que não é nenhum Lancelote, nenhum Amadis. Anna Karenina não vê na ficção que lê nem personagens ideais nem ideais de conduta, mas simplesmente vidas imaginárias que zombam dela e a atormentam com a vida que ela própria não está vivendo. Não a vida ficcional, mas sua própria vida, não a de lady Mary, mas a da própria Anna Karenina, menos uma imagem do mundo do

[11] Charlotte Lennox, *The Female Quixote or The Adventures of Arabella (1752)*, Londres: Pandora Press, 1986.

[12] Leon Tolstói, *Anna Karenina*, trad. Richard Pevear e Larissa Volokhonsky, Nova York: Viking Penguin, 2001.

que um exemplo de ação no mundo, um exemplo de como é viver, ao mesmo tempo consciente de que a vida lida não é sua própria vida. E assim como Anna Karenina compreende o que significa ser lady Mary sem acreditar que ela mesma seja lady Mary, compreendemos o que significa ser Anna Karenina sem sermos de fato Anna Karenina. Sem essa compreensão, a ficção (e a própria sociedade) seria impossível. Ou, como diria Nicolas de Herberay: "contenta-te com o estilo/ E não perguntes se o que acontece é verdadeiro".

"Personagens literários são areia movediça", escreveu Blakey Vermeule num estudo fascinante. "São telescópios. Eles nos afundam e ao mesmo tempo nos dão perspectiva." Mas "o que acontece", pergunta Vermeule, "quando as pessoas se concentram excessivamente nos próprios instrumentos de orientação, no mapa mais do que na estrada, no telescópio mais do que no planeta distante?" Como diz Sócrates ao desafortunado rapsodo Íon no diálogo de Platão, "O que significa estar mais interessado numa representação de uma coisa do que na coisa em si?". Vermeule observa que "Íon, evidentemente, não tinha resposta"[13].

E no entanto talvez uma resposta seja possível. Talvez a pergunta de Sócrates a Íon (como Platão sem dúvida sabia) seja respondida naquele momento que todo leitor verdadeiro conhece, no qual um verso, uma linha de prosa, uma ideia ou uma história subitamente nos toca, de modo inesperado e profundo, revelando algo obscuro, parcialmente intuído, não reconhecido, algo que pertence exclusivamente àquele leitor a quem foi secretamente destinado. Tal verso, frase ou história sempre nos interessará mais do que a coisa material em si, porque somos criaturas de percepções frágeis, como toupeiras ao sol, traídas por nossos sentidos, e ainda que seja um instrumento incerto e não confiável, a

[13] Blakey Vermeule, *Why Do We Care About Literary Characters?*, Baltimore: Johns Hopkins University Press, 2010, pp. 246-7.

linguagem literária é contudo capaz, em alguns momentos milagrosos, de nos ajudar a ver o mundo.

Os protagonistas dos romances de cavalaria de Dom Quixote e dos romances de Emma Bovary podem ser tênues sombras do real, mas mesmo assim são poderosos o bastante para subjugar seus leitores – totalmente no caso de Emma, ambiguamente no de Alonso Quijano – e compeli-los a lutar com moinhos de vento e habitar castelos românticos. Ou, como no caso de Anna Karenina, a seguir o conselho de Flaubert e "viver". Mesmo que a morte venha no final.

Como Cervantes, Flaubert intuiu esse poder essencial da ficção, sua extraordinária capacidade de recriar ou transmitir nossa experiência da "coisa em si". Ele sabia também que aprendemos os princípios de nosso comportamento não necessariamente por meio da ação material, mas antes por meio de histórias nas quais esse comportamento se apresenta, com suas várias causas e consequências possíveis. No palco montado pelo texto, vemos a nós mesmos atuando sob uma miríade de personificações, e podemos aprender (e frequentemente aprendemos) alguma coisa com o que vemos. A ficção, nesse sentido, é exemplar, e se a aparente infinidade de enredos não esgota as possibilidades de nossas interações com o mundo, alguma parte disso, um certo episódio ou personagem, um detalhe particular numa história, talvez nos ilumine em um momento decisivo de nossas vidas. Chesterton observou que "incrustadas em algum lugar em cada livro trivial há cinco ou seis palavras pelas quais, na verdade, todo o resto será escrito"[14]: é nessas cinco ou seis palavras que os leitores, consciente ou inconscientemente, buscam compreender alguma coisa de suas próprias circunstâncias.

Os sentidos emprestados às metáforas do leitor – como viajante, como residente da torre de marfim,

[14] G. K. Chesterton, "Dombey and Son". In *Chesterton on Dickens*, Londres: J. M. Dent and Sons, 1992.

como devorador de livros – nunca permanecem os mesmos por muito tempo. A traça de livro modifica seu significado entre o leitor glutão da quadrinha anglo-saxã e o obediente comedor de palavras do Apocalipse, entre a sonhadora Emma e a desejosa Anna. Ser uma traça de livros não precisa comportar sempre uma conotação negativa. Somos criaturas leitoras, ingerimos palavras, somos feitos de palavras, sabemos que palavras são nosso meio de estar no mundo, e é através das palavras que identificamos nossa realidade e por meio de palavras somos, nós mesmos, identificados.

ÍNDICE REMISSIVO

A

Abel (bíblico), 48
Abraão (bíblico), 29
Abraão de Santa Clara, 115, 116
Adão (bíblico), 89
Agostinho, Santo, 27, 29, 30, 31, 33,
  47, 48, 50 – 53, 58, 60, 61, 88, 89,
  90, 91, 103, 113, 133;
  e Dante, 47, 48;
  sobre leitura encarnada,133;
  sobre a memória e a expectativa na
  leitura, 30, 58;
  conciliação das Escrituras com
  clássicos pagãos, 91 ;
  sobre palavras e leitura, 27, 29
Amichai, Yehuda, 29
Anrão (bíblico), 20
Antão, Santo, 29, 134
Aquino, ver Tomás de Aquino, São,
  50, 51, 71, 88, 94
Aristóteles, 14, 52, 75,
Assurbanípal, 22

B

Balzac, Honoré de, 135, 137
Bate, Jonathan, 96
Beatriz (Beatrice Portinari), 44 – 47
Bettelheim, Bruno, 111
Blades, William, 115
Blake, William, 28
Boaventura, São, 26, 51 – 53
Boécio, 119, 120
Borck, Caspar W. von, 97
Borges, Jorge Luis, 94, 147
Bosch, Hieronymus, 66, 68 – 71, 74
Botticelli, Sandro, 48
Bradley, Andrew C., 84
Brant, Sebastian, 112, 113, 121,
Browne, Sir Thomas, 23,
Browning, Robert, 83
Bulattal, 37
Bunyan, John, 28, 29
Burckhardt, Titus, 44
Byatt, A. S., 136

C

Caim (bíblico), 48
Carey, John, 80
Carr, Nicholas, 104, 105
Carrión, Sem Tob de, 127
Carroll, Lewis, 107
Cassien, Jean, 45
Cervantes, Miguel de, 125, 128, 136, 139
Chantepie, Mademoiselle de, 131, 132
Chesterton, G. K., 139
Churchill, Winston, 71
Cícero, 14, 15, 73, 128
Cixous, Hélène, 121, 122
Clamanges, Nicolas de, 95
Coleridge, Samuel Taylor, 90, 93, 96
Colet, Louise, 134
Curtis, Tony, 121
Curtius, E. R., 45

D

Dahl, Roald, 119
Dante Alighieri, 38, 39, 41 – 53, 57, 60, 62, 73, 132 ;
    texto eletrônico e, 61;
    sentido de transitoriedade e, 57
Demócrito, 71, 72, 76, 104
Derrida, Jacques, 90
Dido (mitológico), 27, 113
Dürer, Albrecht, 113
Duvet, Jean, 24

E

Eco, Umberto, 111
Eliot, George, 67
Enéas (mitológico), 27, 29
Enkidu (mitológico), 38
Enlil (deus mesopotâmico), 35
Enmerkar, 21
Erasmo, 95, 103, 115
Estácio, 45, 46, 51
Eva (bíblica), 27, 89
Ezequiel (bíblico), 25, 26, 120

F

Ficino, Marsílio, 74, 75, 77
Filo de Biblos, 26
Flaubert, Gustave, 130 – 135, 139
Forster, E. M., 59
Frye, Northrop, 88

G

Galileu Galilei, 46
Gérard, Jean Ignace Isidore, ver Grandville, J. J.
Gielgud, John, 82, 86
Gilgamesh (mitológico), 32 – 39, 41, 42, 63, 78
Goethe, Johann Wolfgang von, 74, 98
Goya, Francisco de, 124
Gramsci, Antonio, 101 – 104
Granada, Luis de,
Grandville, J. J. (Jean Ignace Isidore Gérard), 108 – 110, 113, 122
Greenblatt, Stephen, 87, 94
Gründgens, Gustaf, 82, 98, 99

H

Habacuc (bíblico), 25
Handke, Peter, 77
Heráclito, 17
Herberay, Nicolas de, 110, 111, 138
Herder, Johann Gottfried, 97
Herodes, 20
Hildegard von Bingen, 12
Hipócrates, 71, 72

Hitler, Adolf, 80
Hölderlin, Friedrich, 76
Hooke, Richard, 115
Hooke, Robert, 118
Horácio, 45, 83 – 86, 91, 102, 132
Hubbard, John, 54
Hugo, Victor, 78

I
Ibn al-Arabi, 56

J
Jacó (bíblico), 29
James, C. L. R., 102, 103
James, Henry, 78
Jasão (mitológico), 49
Jerônimo, São, 73
Jesus, 20, 50
João, São, 22, 24, 25, 49, 120
Joquebede (bíblica), 19, 20
Judeu Errante (figura lendária), 49
Jung, Carl Gustav, 76

K
Kafka, Franz, 100, 103, 104
Keller, Wolfgang, 96, 97
Kyd, Thomas, 87

L
Le Goff, Jacques, 94, 95
Lennox, Charlotte, 136, 137
León, Frei Luis de, 65
Leopardi, Giacomo, 76
Lia (bíblica), 71

M
Mallarmé, Stéphane, 101, 136
Manilio, 45

Mann, Klaus, 98
Marcos, São, 123
Maupassant, Guy de, 134, 135
Milton, John, 55
Miriam (bíblica), 19, 20
Moisés (bíblico), 18 – 20, 26
Monroe, Marilyn, 121
Montaigne, Michel de, 59, 76, 104, 131
Montreuil, Jean de, 95
Müthel, Lothar, 98

N
Nashe, Thomas, 87
Naudin, Bernard, 130
Nietzsche, Friedrich, 13
Ninurta (deus mesopotâmico), 35
Nooteboom, Cees, 56 – 59
Nuttall, A. D., 96

O
Olearius, Paul (Jacob Wimpfeling), 114, 115
Ortega y Gasset, José, 80

P
Pamuk, Orhan, 55, 56
Parker, Dorothy, 121
Pascal, Blaise, 58
Paulo, São, 119
Petrarca, 57
Pierrot, Alain, 61
Platão, 75, 122, 127, 138
Plotino, 22
Priest, Alexander Barclay, 112
Propércio, 45

Q
Quevedo, Francisco de, 78

R
Rabelais, François, 76
Racine, Jean, 119
Raquel (bíblica), 71
Riess, Curt, 98

S
Sainte-Beuve, Charles-Augustin, 78, 79, 104
Sand, George, 135
Santiago de Compostela, 51, 56, 57
Sarkozy, Nicolas, 121, 122
Sarzana, Jean, 61
Saturno (deus greco-romano), 75
Sêneca, 80
Shakespeare, William, 78, 83 – 94, 96, 97, 102 – 104;
e a torre de marfim, 83, 93;
e o Terceiro Reich, 97, 104
Simeão Estilita, 72
São Sin-Leqi-Unninni, 35
Slavitt, David R., 120
Smith, Logan Pearsall, 131
Sócrates, 138
Stendhal, 119

Stevenson, Robert Louis, 62, 113, 147
Stoppard, Tom, 93
Sue, Eugène, 135

T
Tomás de Kempis, 109
Tolstói, Leon, 137
Tomás de Aquino, São, 50, 51, 71, 88, 94

U
Ulisses (mitológico), 49, 50, 62, 73, 74

V
Vermeule, Blakey, 138
Vigny, Alfred de, 78, 79
Virgem Maria, 15, 19
Virgílio, 27, 42, 45 – 47, 51, 91

W
Weigel, Johann Christoph, 116
Wimpfeling, Jacob (Paul Olegarius), 114
Woolf, Virginia, 104

AGRADECIMENTOS

Agradeço a David McKnight e ao conselho da Universidade da Pensilvânia pelo convite para ministrar as Rosenbach Lectures [Palestras Rosenbach], que me levaram a escrever este livro. Agradeço aos vários bibliotecários e bibliotecárias da Biblioteca Livre, da Biblioteca Rosenbach, da Biblioteca da Universidade da Pensilvânia e da Biblioteca do Centro Judaico da Filadélfia por sua hospitalidade e generosidade durante minhas visitas. Um agradecimento especial a Fr. Lucien-Jean Bord, bibliotecário-chefe na Abadia de Saint-Martin em Ligugé, que generosamente me conduziu pelo labirinto de estantes e me ajudou com muitas sugestões essenciais. Acima de tudo, agradeço a Jerry Singerman, que, com inteligência, erudição e gentileza, provou que meus preconceitos contra editores estavam vergonhosamente errados.

SOBRE O AUTOR

O escritor, ensaísta, tradutor e editor argentino-canadense Alberto Manguel é autor de mais de quarenta livros, em sua maioria de não ficção. Nascido em Buenos Aires em 1948, passou parte da infância em Israel, onde seu pai era embaixador da Argentina. De volta a seu país natal, conheceu Jorge Luis Borges, para quem colaborou como leitor entre os dezesseis e os vinte anos de idade. Viveu em seguida na França, onde trabalhou para editoras, ao mesmo tempo em que publicava seus primeiros contos. Morou também em Milão e no Taiti, sempre trabalhando como editor, até radicar-se em Toronto em 1982, tornando-se cidadão canadense. Depois de mais um período na Europa, retornou à Argentina, onde em 2015 foi designado diretor da Biblioteca Nacional. Em 2016 tornou-se membro da Academia Argentina de Letras. Entre seus livros publicados no Brasil estão *Uma história da leitura*, *Stevenson sob as palmeiras*, *Lendo imagens* e *Os livros e os dias*, além de antologias que organizou, como *Contos de amor do século XIX* e *Contos de horror do século XIX*.

Fontes **PARABLE E DHARMA** Papel **PÓLEN BOLD 90 G/M² E COLOR PLUS MARFIM 240 G/M²**
Impressão **MAISTYPE** Data **ABRIL 2024**